行走的社工

SOCIAL WORK

专业·爱·成长

PROFESSION,
LOVE AND GROWTH

任敏 等

著

社会科学文献出版社
SOCIAL SCIENCES ACADEMIC PRESS (CHINA)

献给社会工作专业

目录 CONTENTS

第二部分 | 073
自助助人 | PART 2

自我
成长

我与
家庭

第三部分
如何对儿童

215
PART 3

行走的社工
专业·爱·成长

因专业，我们学会爱，并持续成长

——兼探讨"行动案例教学法"

— 1 —

（1）

2018 年 9 月，秋阳杲杲，秋风习习，在新学期一个晴朗的上午，我轻快地走进社会学院 227 会议室，面对五张新鲜可爱的面孔——刚刚入学的 2018 级社会工作专业硕士研究生，感觉整个会议室里充满了年轻的气息和活力。我笑着说："大家好，我是你们的导师任老师，欢迎来到华中科技大学。对于接下来的研究生生活与学习，你们期待得到什么？专业的知识吗？Not exactly！我们要一起学习专业知识，同时关注实践，在知识学习与实践的交替中感受自己全面的成长。苟日新，日日新，又日新。你的人生将因为学习社会工作的这段时间而改变，你会变成一个更有能力、更有幸福感、更有价值感的人。"

大家都觉得幸福不易，且总追问自我价值何在。我的研究方向是家庭社会工作和儿童社会工作，我与同学们一起学习专业知识，提升能力，而幸福的生活、自我价值实现就当附赠，这是我作为一个社会工作教师对自己的教学要求，也是对同学

们的学习要求。学这样的专业，我认为这是自然的事情。

那我们何以能够做到？

（2）

2018年11月，我参加了"中国社会工作发展暨北京大学社会工作专业重建三十年"研讨会，这是个意在总结过去三十年我国社会工作教育、研究和实践的经验并进行反思的会议。在11月1日下午的"中国社会工作教育与实务发展三十年分论坛"讨论环节，大家议论的两个突出问题反复拨动我的神经。一是老师们感叹我们培养的社会工作专业学生毕业后去社会工作服务机构就业者寡，进而感叹人才流失；二是大家反馈学生们学了几年社会工作后毕业进入实际工作领域却被指责"不专业"，我们的专业教学被批评实践取向不足。究竟我们社会工作的专业课该怎么教才能提升学生的实践能力？有老师表示迫切需要教学指导，甚至有老师建议中国社会工作教育协会不妨成立一个督导小组，在全国巡走一圈进行评估兼教学指导。彼时，我刚从美国访学三年归来，一切于我都是新的——我连打车软件都还不会用，所以会议中老师们的讨论于我都因其是"新问题"而对我形成有力的冲击，促使我去思考如何解决。

对于这两个问题，我个人的理解有两点。第一，我们专业教学不仅是为社会工作服务机构培育人才，而且是为国家和社会培养人才。所以学生们只要学了专业，无论在不在专业社工机构工作都是在为国家和社会服务，而且是在专业思维的指引下做出特别的贡献，那就不存在人才流失的问题。所以，关键在于我们有没有把学生们培养成为有专业特色的人才。第二，社会工作是一门强调实践的学科，能否以专业的方式和方法解决实际问题、回应需求、促进行动对象的福祉是对同学们是否具有专业能力的重要衡量标准。但一个悖论是实践能力是在实践中培养的,我们当前的大学课堂擅长知识传递却不注重学生的实践能力养成,即大学课堂是难以教授出来有实践能力的学生的。社会工作教育,以 MSW(社会工作硕士)为例,强调一半在课堂学习,一半在机构实习,实习方式上多采取集中实习,但这既在时间(形式)上导致了教学与实践的分离,也因为实习机构的督导与教学无法结合,致使大学教育与实践之间出现"鸿沟"。如果我们不能探索一种方法来解决这个问题,那么我们的专业教学任务岂不是没有实质性地完成!

我问自己:是否有一种办法可以解决教学与实践在时间上的分离、教学与督导的分离问题?比如,我能否在教学期间同时促动同学们进行同期实践,如此老师可以在教学时也开展同期督导?如此,实践与教学可交互进行,相得益彰。

那又该如何做呢?

— 2 —

(1)

如前所述,社会工作是实践取向的一门专业,一切有实践取向和能力培养诉求的学科都偏好案例教学法,相对传统的讲述法,可以增进教学与实务的结合,如法学、管理学、教育学和社会工作。教育部 2015 年发布《关于加强专业学位研究生案例教学和联合培养基地建设的意见》(教研〔2015〕1 号)指出,案例教学是"以学生为中心、以案例为基础,通过呈现案例情境,将理论与实践紧密结合,引导学生发现问题、分析问题、解决问题,从而掌握理论、形成观点、提高能力的一

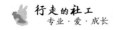

种教学方式"。可见，案例教学法是一种适合专业学位研究生教育的方法。案例教学强调案例素材要翔实，且以学生为主体，常有小组讨论的设置，或进行角色扮演，以促使学生们投入案例并在其中理解相关知识。

既有的案例教学常见的特点有：一是案例是既定的，但都是外在于教学主体的，尤其是外在于学生群体的；二是案例的外在性决定了案例与学生之间的距离。而在课堂教学中使用案例是为了拉近学生在实践与理论之间的理解距离，学生分组讨论案例环节的设置或老师结合故事的知识点分析都是为了拉近学生与案例之间的"距离"。但有没有一种可能，即案例跟学生之间没有距离，案例不仅是讨论的对象，而且是学生们自身参与形成的，即课堂案例正是我们行为的结果？换句话说，案例与学生之间的距离无须拉近，学生们自然就在案例中，他们生产了案例，他们知道案例的所有细节，而且若他们对案例有不确定之处，则他们可以随时返身到实践中去求证，甚至投入行动去创造。

与法学、教育学和管理学的专业实习往往需要在特定时空范围内（如在法院、在公司、在课堂）进行有所不同，社会工作专业的实习空间当有更广阔的空间。但实际情况是，当前我们社会工作的专业实习思路也是将学生置于社会服务机构或福利院等工作场所，但若有所反思，我们就可以追问，专业实习是什么？可以简单地说，是学生们为了理解、习得专业思维，如理论、方式、方法而展开的实践。如此，我们是否可以对实习有更广义的理解？是否一切有助于理解专业知识、建立专业思维的无报酬性活动我们都可以称之为实习？与法学、教育学和管理学等学科不同，在某种意义上社会工作是以关系为干预对象的学科,我们无时无刻不处在关系中,广阔的社会生活或许也可以成为我们的实习场所。我们在生活中发现他人的需求,用课堂所学去响应他人的需求;发现关系中的问题,用课堂所学去解决问题。在此过程中,同学们保持专业自觉,介入或干预的行动出于课堂学习的应用,其间遇到问题时返回课堂讨论并寻求老师的督导,从而使同学们的认识可以从"知其一"向"知其二"跃迁,或者再次返回实践,继续介入或干预,观察后续结果,如此往复,直至最后的改变结果出现。也就是说,我们在课堂教学的同时开展实践,以行动生产案例,在此案例过程中,同学或参与督导式讨论或观摩老师督导实践,如此实现对案例的过程性参与,促进专业(理论)学习。我们将这种方法称为"行动案例教学法"(Action and Case Learning, ACL)。

"行动案例教学法"不同于管理学中新近提供的"案例行动教学法"(Case Action Learning, CAL)(苏敬勤、贾依帛,2020;苏敬勤、高昕,2020)。后者是案例教学与行动学习("干中学")的结合,是从案例分析延伸加入操作性强的解决方案的环节,即分析问题再加上学生分小组讨论设计解决方案,是在一次课内完成的,其中的"行动"本质上是模拟行动,可操作性是基于权威(主要是老师)的逻辑评估,实际上少了一个实践检验的环节。而我们所设计的"行动案例教学法"首先强调的是实际的、真实的行动,本质上是将课堂案例教学与实习性行动研究结合起来。这种行动研究的门槛低,可称之为微小行动研究,但重要的是同学们面对的是真实的问题或者说实际的需求,所以这也可称为实习性行动研究。也就是说,我们的"行动案例教学法"实际上是在教学历程中加入了一个学生的实习性行动研究过程——"问题/需求—

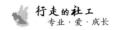

行动设想—实践—修正或改进—评估—总结回应课堂知识点—发展具体介入知识—写作案例文本"，如此形成了课堂教学 - 行动研究的"双程"教学模型。

换句话说，相对于管理学中新近的"案例行动教学法"，我们所设计的"行动案例教学法"的不同之处在于：第一，前者是模拟的行动，后者强调真实的行动，这主要是因为二者采取真实行动所面临的约束条件的强弱不同；第二，前者模拟行动是可以在一次课内完成的，而后者强调的真实行动则需要经历一个过程，可能是经过若干次课，或半学期甚至一学期的实践历程才能完成的；第三，所用案例，前者是既定的、外在的、被给予的、设定的素材及情境，而后者是以学生为主体，伴随课程进程自己在实践中生产和创造的；第四，前者的影响链条止于课堂教学中的学生所得，而后者是案例教学与行动研究的结合，不仅理解知识、解决问题，而且生产知识，并形成案例，甚至可以借助公众号等平台传播知识（见表1）。也就是说，前者中学生的主体性发挥是课堂教学中的有限的主体性发挥，或说是一重主体性发挥，即"（模拟）干中学"，而后者中学生的主体性发挥是双重主体性发挥，即作为知识和能力训练受体的"（真实）干中学"，以及作为知识总结、提炼、生产、传播主体的"研中学"。学生在这个过程中经历了一个身份的转化过程——从知识的传授客体到知识的生产和传播主体的转变。如此，在逻辑上，我们可以将案例教学法的演进梳理为，学生的专业学习从案例教学中的理解型学习到"案例行动教学法"中的应用型学习，再跃迁为"行动案例教学法"的研究型学习。可见，对于行动案例教学法，我们更期待其学习效果。而实际上，我也确实收到了同学们比在传统授课方式下更多的积极反馈。

表1　案例行动教学法与行动案例教学法的比较

特征	案例行动教学法（CAL）	行动案例教学法（ACL）
案例属性	给定的、外在于学生群体的	开放中创造的、学生群体生产的
行动特征	模拟的行动	真实的行动
真实行动的约束	在特定空间中，如介入企业决策等，门槛高	在社会生活中，开展微小干预行动，门槛低
实践性检验	权威认定解决方案的有效性	实践检验行动方案的有效性
教学历时	一堂课内完成	经过一个历程
教学活动链条	既定案例呈现—学生分组—分析案例—提出问题—商议解决方案—权威评价	未完案例呈现—老师与学生讨论并督导学生—分析案例—形成改进方案—返回实践—实践检验—结果呈现—总结知识—写作案例—公众号等平台发布—公众反馈
学生的主客体性	作为知识输入的客体	作为知识输入的客体＋知识输出（生产和传播）的主体
核心属性	应用型学习［"（模拟）干中学"］	应用型＋研究型学习［"（真实）干中学"＋"研中学"］

　　基于上述比较，我们认为，"行动案例教学法"是特别适合社会工作的教学法，因为它兼顾了学生的理论学习、实务能力培养、研究性思维培训以及公众知识性倡导诸环节，其中有二重深度学习——"（真实）干中学"＋"研中学"，也有二

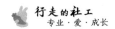

重行动——面向具体对象的干预行动和面向公众的倡导行动，而且教学过程中学生经历了知识输出受体向知识生产授体的转换（见图1）。在"行动案例教学法"中，学生们在专业学习历程中发挥了多重主体性，这既更符合深度教学规律，也更符合社会工作专业向对象赋能的宣称——社会工作的教学也不妨被视作一种特殊的社会服务。

图1　"行动案例教学法"的教学原理

（2）

社会工作的使命之一就是向特定的人（通常是弱势群体，也可拓展为广义的需要帮助的人）提供专业的社会服务，帮助其改变不良境遇、培训积极心态和思维方式、提升福祉，而专业能力是社工的核心能力之一。我认为每个学科、每个专业的教学理念和方法都与其专业性相关，都应当体现其专业特色。在过去几年里，我逐渐形成了自己对社会工作专业的教学理解。

第一，社会工作强调助人自助，而我在教学中提倡"自助助人"，要求同学们在服务别人之前，先服务自己；在改变别人之前，先尝试改变自己。

第二，社会工作多以"关系"为工作对象，我要求同学们用课堂上所学知识、方法去改善自身环境中的各种关系，如家庭关系、朋友关系和室友关系等。

第三，社会工作的教学要求同学们在成为真正的专业服务者之前，先通过实习来训练自身的专业能力，这通常在服务机构中进行，而我还要求同学们在广阔的生活场域中训练自己。

有一种观念认为，工作是工作，生活是生活，二者要截然分开，拒绝把工作渗入到生活中。但我认为社会工作是个特殊的专业，它要求我们细致为人考虑、言行温暖有爱，为疾患、缺失或痛苦绝望者提供帮助和治疗，否则我们很难对各色各样的案主做到真正的尊重、接纳、非批判，所以，我们要将社工的精神和气质内化，而非将其阻隔在特定的工作角色中。

社工最高级的服务工具不是专业的理论和方法，而是人本身——我们以生命影响生命。所以我们不在生活中排斥工作角色，而恰恰要欢迎社工精神内化、全面渗透于己身。我们要求自己有深刻反思的心、积极视角的眼，用温暖熨帖的话、真诚又有策略的行动，去帮助提升我们所遇之人的福祉，去帮助改善整个社会环境。我们积极地行走，所到之处皆散发微光，以社会为我们的工作场所，以社会为我们的帮助对象，对所遇之人总是多一份理解、心存善意，且有方法地去帮助，推动其向上、向好、向善、向美地发生改变。

所以，我们提倡"以社工眼，观人间世情；用社工心，行天地方圆"，提倡做"行走的社工"，服务于他人，也服务于自己；随时随地带着专业思维观察、思考，随情随境地给予专业的行动，去帮助所需之人。

社工不仅要行动，而且要有效地行动，这要求我们保持思考；社工不仅要自己行动，也要带动他人行动；不仅践行社工

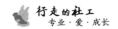

理念，还自觉地散播善与爱的种子，通过沟通或传播让更多人知晓、善用理论工具。所以对于社工来说，也要在行动中保持思考，并总结、提炼、交流、传播，以倡导人群、促动改变。

所以回到开篇的问题，我们如何做才能跨越课堂教学与对学生的实务能力培养之间的"鸿沟"？我尝试提出一种"行动案例教学法"，这是组合了案例教学和微小行动研究的一种教学方法新尝试。老师在专业授课中也鼓励同学们开展同期实践，即（1）甄别、选定我们生活中真实的需求或需要解决的问题，（2）将课堂所学用于分析问题，提出解决方案，并（3）采取专业行动介入，（4）若行动受阻，则反馈回课堂，进行讨论或寻求老师的督导，（5）再次进入实践，（6）评估效果，（7）总结回应课堂所学知识点，并提炼行动知识，（8）形成完整课堂教学案例，在公众号等平台上发布，（9）接受读者的反馈，这对师生的教学热情和后续实践产生激励。其中在（6）的环节中可能有不止一次的"反馈寻求督导—再次返回实践"往复循环的过程（见图2）。综上，形成一个教学与实践之间的交互过程、教师与学生之间的督导，以及师生与公众之间的互动循环，尽力改变此前大学课堂教学与实践之间的隔离状态。

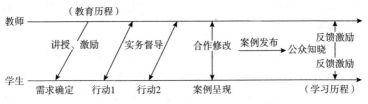

图2　"行动案例教学法"的操作过程

同时，我们提倡不但学习专业知识，服务案主，预备在未来工作中应用，而且转变专业归工作、不越界干扰生活的角色分隔观念,视我们所进入的生活皆为实践的场所,伴随专业课程的学习而行动,在现实生活中展开应用,使专业学习内化于心。如此,我们不仅学到专业的知识,而且成为整体意义上的专业的人。

如前在行动案例教学法的流程(8)、(9)所述,鉴于华中科技大学社会工作系师生在"社会工作理论"、"儿童社会工作"和"家庭社会工作"课上对行动案例教学法的实践,我们开设了"行走的社工"公众号,发布在课堂教学中同期产生的专业行动教学案例。

经过近三年的行动探索与文本呈现,我们获得了不少专业人士和非专业人士的反馈,有些读者甚至通过微信等社交软件与我们保持联系、时常讨论,并就一些难题提出问询。在此非常感谢大家给予我们的支持,这对于我们来说无疑是一股巨大的、温暖的力量!这些持续的外界回应,以及在这个过程中一届又一届同学们的成长体验和给予我这个老师的反馈,都说明了以上教学理念是行之有效的。它促进了同学们的自我成长,改进了其人际关系,提升了身边人的福祉。更重要的是,它有助于训练专业思维、提升专业能力、培养专业认同、内化专业精神、形成专业气质,使同学们真正怀社工情、有社工眼、行社工事、成社工人。

以下分享一些来自课堂内外同学们就这一教学法试验及他们在其中的成长所给予我的反馈,以启读者。①

---

① 需要说明的是,一种新的教学方法实施的有效性需要科学的评估,最好是数据证实,但本文为书的序言,并非规范的论文,在此不展开呈现数据分析,仅以学生们的反馈语料呈现。

— 3 —

2018 年秋季，我教授"儿童社会工作"课。

同学们说："老师，真的应该让全校同学都来听儿童社会工作课啊！"于是陆续地，同学们拉朋友来听课，拉着男朋友来的，与女朋友同来的……几次课下来，来听课的同学开始写反馈信。

以前我一直认为自己是个非常好的姐姐，觉得我跟妹妹的关系不好都是因为我妹妹不听话、不爱学习。但是上儿童社工课之后，我跟妹妹的沟通改变了方向。妹妹很感动，说从前觉得姐姐不过是第二个"爸爸"，现在才真的是姐姐……跟妹妹之间坦诚相待、彼此感动的感觉非常好。

儿童社工课让我真正认识到所谓"人在情境中"，既然我已经处在这个结构中，没有办法改变，但是在情境中，我却是主动的，我总可以选择利用现在的资源去做出最优选择，达到更好的结果。

个人感觉这是一门再有趣不过的课了，它使我变得喜欢用课堂里学到的东西去理解自己过往的人生，给了我非常多的思考，并促使成长，治愈了我的童年。

一个同学在课堂案例报告里讲到：

当我跟好朋友走进教室，她说："开空调吧，冷。"

我说："不开了，空气会干燥。"可过了一会儿我见她还裹着外套，突然想到"儿童社会工作"课上讲"一个情境中，每个人的需求都是平等的，我的需求并不比她的高"，于是我就说："我们先开一阵空调，等温度上来了，再关掉，好吗？这样也不会太干。"朋友听完很开心地笑了。我也很开心，因为我今天发现了不一样的自己。人与人之间的需求总是可以协调的，只要我们真的尊重彼此，多想想对方。

— 4 —

"家庭社会工作"课也深受同学们欢迎，因为常见这样一种情况："我们无时不在家庭的枷锁中"，家庭给予我们以支持和关照，但也可能给我们带来情感上的纠结乃至伤害。伴随每年春季开课，同学们也就开始了尝试改变自己的亲密关系和家庭关系的旅程。

一位同学反馈说：

从前爸妈吵架，我总是习惯性地躲起来，现在我明白了，我要有主动的态度，而且我学习了方法，我可以去帮助他们。我爸妈都很惊讶于我的改变。

一位同学说，自己自寒假开始就坚持履行"每天跟妈妈说一句好话"的自我承诺，一段时间下来，自己跟家人的关系真的越来越好了。

另一位同学也说：

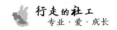

我过去一年变化也是太大了，爸爸觉得女儿一下子就变得理解自己了。还感叹说："幸亏你去读了研究生，值了！"

一个同学在朋友圈分享了自己的经历，称在这堂课上学到的知识帮助自己改善了亲密关系。朋友圈发出后，突然某天一个不婚主义的同学给她发信息说：

> 感谢你让我开始相信爱情了，原来不是爱情不可信，只是彼此错误相待的爱情不可信。

> 经过这学期的课，我现在（跟男友）吵架都会用上社工思维了。以前都是吵得很绝望，可是现在可以吵出经验，吵出感情，吵出希望。

— 5 —

此外，我再摘录几条"社会工作理论"课后同学们的反馈。

> 以前学过很多理论，但是都不懂得应用，如今始知学以致用。以前专业的学习始终在我脑子里，现在它开始化入我的行动中，方方面面的行动中。

> 我最大的收获是，认识到善良也要讲方法。不是说我为人做了什么，人家就应该感激我。我帮助别人，别人可能会受益，但也可能由于自身方法不当而损（伤）害了人家呢。

这门课改变了我对"改变"的看法！以前我相信人是不可能改变的，但老师说："如果人不可改变，那么我们是怎么从无知变得有知的呢？"人为什么要抗拒改变呢？人会改变才会变得更好啊！只要保持足够的反思，你帮助对方改变不是自利，而是为了利他，那么改变就是可行的。

听社工的课，我真切地体会到，教育就是以生命感染生命、以生命影响生命。在之后的服务中，我会更加鼓励我的服务对象去主动表达，主动寻找"替代善意"。

6

2018年9月，我正式开始带领同学们开展"自助助人、在生活中实习、将专业用于改进周边环境"的专业教学探索活动。2019年3月，我的研究生们都表示发现过去半年来自己变化很大，我问："变成了什么？"

一个同学说：

"行走的社工。"看到我们的生活发生变化，我理解到，实习不仅仅是在机构，而且是在生活中，行动无处不在。专业既在于改变服务对象的生活，也在于改变我们自己。

2019年的感恩节那天，收到学生的一条微信留言：

老师，今天是感恩节，感谢好运，我能成为任老师的

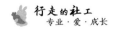
学生，能够上老师的课，这使我在华科大（华中科技大学）的每一天都在确认自己、改进自己！

我笑，心想：我们都感谢社会工作这个学科吧。"社会工作"不仅改变了你们，也改变了我自己呢！你们都说现在的我温暖、有趣、有爱，可是曾经的我犀利，难免刻薄，甚至不懂基本的人情。从社会学到社会工作，我也经历过一个巨大的认知转变，那就是批判与愤怒自有其价值，但是温柔和智慧更有力量。

改变世界，我们选择采用让人觉得舒服又有效的方式。其实，让人感觉舒服就意味着你已经播撒下改变的种子。

— 7 —

同学们说在社工课堂上学到的很有价值的内容有：

（1）只把理论印在书本上、装进脑子里是不能发挥其作用的，理论的力量在于行动，在于实践；

（2）虽然宏大的结构难以触动，但一个个生活的情境却是可以干预的；

（3）人受结构的束缚而被动，但在情境中可以受理论的指引而主动；

（4）我们从改变自身所处情境开始，辐射惠及他人，推动结构的改变；

（5）专业实习不仅是在机构中，而且是在我们的生活中；

（6）我们自身的改变、成长与我们的服务能力直接挂钩；

（7）我们自身的需求与案主的需求同等重要；

（8）我们自己首先要从专业学习中获益；

（9）我们的生活不必附着于任何意识形态和集体价值，它本身就很有价值；

……　……

社会工作者需要成为一个会思考、能行动的研究型实践者，我们专业的使命是要促进社会结构历经时日而变得更好，所以不但自己要行动，也要带动更多人行动。这是一种倡导型的行动，因此，如专业理念、方法和技术等的传播就变得重要。

2019年4月，我们决定将经过"行动案例教学法"所得的系列教学案例通过公众号"行走的社工"发布，呈现社工的所见、所思、所行。在大学内，我们借助行动而成的案例展开学习；在面向大众时，我们试图展示一个个社工在社会中行走的模样，以我们的言行告诉人们，社工是怎样的一门专业，以及社工如何以专业来改变生活和环境。

历经三载，作为阶段性行动的小结，我们特此出版《行走的社工：专业·爱·成长》。

本文集与"行走的社工"公众号上所发布文章有所不同，第一，本文集包含的文章是公众号文章的精选篇目；第二，文集在原文章的基础上进行了多次修改，文本质量提高，并配以插图，使文章的可读性更强。

关于本书的读者对象定位，此书最初是想作为社会工作专业的教学参考书出版，但因为本书中所述的专业方法是用于处理生活中的各类关系的，如本书关注的生活议题包括家庭调适、亲密关系、朋友/室友相处和儿童教育、青少年成长等方面，所以它又可能具有远超专业教学领域的非常广泛的应用价值。

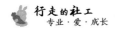

因此，本书既服务于培养社会工作专业学生，也服务于改变我们的生活，它适合一切关注生活也可能为生活所困，且愿意学习借鉴他者脱困经验的人。

— 8 —

本书不仅以案例的形式展示我们师生之间教学互动的经验和方法，也提供了一些生活的知识及干预行动演示，而这也正是对我们行动所到之处的思考整理及其知识呈现。

或有专业的读者会质疑本书的知识含量，因为文章里并没有交代研究方法，也没有文献综述部分，且大多以故事的形式呈现，哪里可称为知识？对此，我有两点不同的理解与您分享。

第一，研究是知识生产的前置过程，总体来说，当前学界对由自然科学渗透而来的科学化、规范化的研究工具和程序化的研究方式强调过多，而忽略了人本身就是顶好的研究工具。经年受逻辑思维和学科思维训练的人与人之间围绕一个主题持续展开对话，本身就是一种非常好的研究方式。一般来说，在实证科学的思路中，论点是否为真知，多依靠数据检验，若数据证实了，则论点为真知；在人文科学和理论研究中，论点是否为真知，多依靠逻辑推演及群体共识，若逻辑自洽、推论精妙、同行赞同，论点就被认定为真知；而在实践取向的社会学科中，论点是否为真知，可依靠实践检验。"实践是检验真理的唯一标准。"伟大的实践专家指出，改造现实社会的想法是否为真知，宜通过实践来检验，实践高于数据分析，也高于特定一群人的共识认定。书中的这些思考、判断、想法、行动方案，都是我们基于实践后的总结，我们用实践检验过，也欢迎您到实践中去检验。

　　第二，知识的生产本质上是通过研究者与实践者、作者与读者的合作完成的，所以知识的生产是个持续的过程，永无终点。本书的出版，呈现一些专业的知识，是知识生产过程中前半段的结束，更是后半段知识生产的开始。所以，本书的出版于知识生产而言，不是句号，而是逗号。

　　当然，本书是我们这群大学师生第一阶段的尝试，难免有所不足，甚至存在很多不足，所以恳请读者不吝指教。但正如我所说，读者不仅是知识的接受者也是知识的共同创造者，读者不仅是我们成长之路的旁观者，他们自身也是成长者。所以您看此书可能有两种成长方式：第一，如果我们有做得好的地方，则您喜闻而学之；第二，如果我们做得不足，您正可以联系自己的经验和思考发展之，由此双方合作完成了一次知识的迭代、认识的深化。鉴于此，我们非常欢迎您给予我们反馈，分享您的思考，并欢迎您就自己系统的思考投稿到"行走的社工"公众号。

　　社工的行走在继续，期待您加入同行！

任　敏

2021 年 7 月 30 日，武汉

第一部分
社工专业视点

PART 1

温暖一个司机，温暖一座城

任 敏

2019 年 3 月某日下午 2 点，广州南站。

当我跳进车厢，列车车身随即顿一下，就出发了。

手机"叮咚"一声，传来学生 Lori 的微信消息："老师，你赶上火车了吗？还是改签了？"

我："上车了。"

Lori："不愧是女战士！"

哎，她知道这一趟火车我赶得有多……惊险。

11 点 57 分，我从中山大学学人馆退房。我计划搭乘 12 点 50 分从广州南站开往武汉的动车，而百度地图显示乘地铁到车站要 50 分钟，我一时间觉得焦头烂额，情急之下奔向保安求救。他说如果打车还有可能赶上，要快！

我从学校位于珠江边上的侧门出来，沿路推着箱子走，不停地看表、寻找出租车。然而，竟然一直拦不到车！看着不停旋转的指针，我的心跳也开始加速。

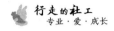

— 3 —

12 点 17 分，还未拦到出租车。这时 Lori 打来电话："老师，你到哪儿了？"站在路边无人理会的我更加心急如焚了。

我说："我还没打到车，估计得改签了。但是今晚必须早点回去加班，这下可麻烦了！"

我正说着话，身边竟然就滑来一辆出租车停下，后备厢还在我眼前自动打开——有客人刚好在我身边下车。

我迅速钻进后座，说："师傅，麻烦你，到南站，要快！"

司机没回话，我纳闷，定睛从车内后视镜看他的脸，表情阴沉啊。（①）

我心里咯噔一声："完了，这节骨眼上偏遇上个心情不爽的，哪肯为我跑快！"

为了赶上火车，我硬着头皮又搭讪说："师傅，这会儿会堵车吗？"

师傅生硬地甩给我四个字："谁知道啊？"（②）

我心里又一沉，心想从刚上车时的气氛来看，刚才的顾客可能给他气受了。我多冤枉啊！不行，要他跑快，必须改变此时车内的"气氛"，必须愉快而昂扬啊！扭转情境！扭转情境！

于是，我深吸一口气……突然地就展开大大的笑脸，情绪振奋，声音里饱含着喜悦和感激（A）："哎，师傅，我不知道广州的车这么难打啊。你知道我从中大出来多久了吗？20 分钟！都没打到车！我正急得要命，你的车就那么巧停在我身边了！哈哈哈，我简直太幸运啦！谢谢师傅！要不是你，我还不知道怎么办呢！实在是太感谢你啦！"

师傅的脸色逐渐就缓和了。（③）

他说："应该是中午这会儿大家都去吃饭了，所以车比较少。"

我笑："就是啊，师傅们也要吃饭的嘛，我怎么没想到这点，自己不吃难道别人也不吃吗？哈哈哈。"

师傅的表情更放松了，也微笑起来："你几点钟的车啊？"

我："12 点 50 分。师傅，能行吗？看这百度地图的提示，我都绝望了！"

师傅："这个点交通情况应该还好。"（④）

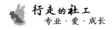
— 4 —

12 点 30 分，Lori 打电话来了。

我打开免提。

Lori："老师，你打到车了吗？"

我："打到车了，好幸运地遇到了一个师傅，他说有希望赶上火车呢。"

Lori："不行就改签吧，我刚将后面的车次信息截图发到你微信上了。"

我："好，谢谢！但我必须尽快赶回去啊，要赶在打印店下班前打印书册，明早八点就要上交了。"

Lori："老师，你腰还疼吗？"

我："不疼了。"

Lori："头还疼吗？"

我："没工夫疼了。"

Lori："你是不是没吃午饭啊？到火车上吃点东西吧。"

我："火车上要写东西，不能进食，否则胃疼。"

Lori："那你就喝点什么吧。"

我："还好，你早晨不是给我留了面包和瓜子嘛，我吃一点顶一下就行，忙事要紧。"

我又说："你刚给我发的那张图片，社区那个 80 多岁先天盲奶奶的故事，真让人感动啊！"

Lori："是啊，她竟然什么都能自己做！每天都乐呵呵的……生命力真强啊。这次广州之行的收获简直出乎意料！"

…………

愉快又轻松地，温和而有爱地，我和 Lori 一问一答，话语中全是"幸运、感动、身体好、乐呵呵、生命力、收获很多"这些积极向上的词，偶尔咯咯发笑，偶尔嘘寒问暖，偶尔是我向她吐槽疯魔般的"打工人"生活——刚开完会就要飞奔到另外一个城市加班……这短短三四分钟的聊天中所包含的信息，给师傅建构出一个温暖有情的"情境"，并向他发送信号——我需要帮助。(B)

挂掉电话，我注意到师傅从后视镜里看了我一眼，说："老师，没事的，我 12 点 43 分给你赶到怎样？"(⑤)

我呵呵地笑："好，谢谢！时间是很着急，可我也不能让你飞啊，是吧？"（C）

他闻言哈哈大笑，汽车加速飞驰起来。

— 5 —

12 点 36 分，等红灯。

他问："你是大学老师？"

我笑："是啊。教家庭和儿童社会工作，通俗说就是研究怎么做好家长和孩子吧，哈哈。"

我回问："师傅，你是本地人吗？"

他："不是，我是河南的，来广州十几年了。"

我："那你都习惯这边的生活了吧？家人都一起住在这边吗？"

他："孩子都在农村老家，所以还是想回家。"

我："男孩还是女孩啊？"

师傅："都有。"

我笑:"师傅好福气啊!"

他笑:"哪里!隔太远了。老婆也在广州,孩子都是家里老人带。"

我:"是的,每个人都有自己的客观条件。那你平时跟孩子联系多吗?"

他:"经常打电话。"

我:"最好每天打呀!而且,要对孩子温柔啊。隔得太远,必须更加温和了,不要把从顾客那里受到的气撒到孩子身上呀,哈哈哈。"(D)

他笑:"我们这些人哪里懂什么温柔……"师傅的笑眼中透露出几丝无奈与心酸。

我笑:"温柔也就是态度好一点,说话慢一点,平和点就是了。多说'爱你''想你'之类的话,孩子们会觉得温暖的,自然就会跟父母亲近。"(E)

他从前面后视镜里看我一眼,笑说:"就像任老师跟学生讲话这样吗?"

我愣一下,哈哈大笑:"哈哈哈,就是啊,就是这样!"

他也笑得更愉快(⑥):"你跟学生关系很好啊,跟我们平时在网络上看到的那些师生关系不一样。"

我笑:"是,我们是社工专业的嘛,总的来说还是有点特别的。"

我突然有个疑问:"师傅,广州出租车起步价是19元吗?"

他:"12元。"

他突然意识到什么,说:"哦,是不是刚才我没有给你重新计价?没关系,我一会儿给你减掉7块。"(⑦)

我笑:"好,谢谢师傅,也不要紧。"(F)

我又说："师傅你刚才好像有点不高兴，是吧？"（G）

他说："前面那两个人不讲理嘛！"

我笑："没事，你们跑出租的，什么人、什么事情没遇见过呀？自己开心要紧，也就挣他们 19 块钱嘛，搭上心情就划不来啦，哈哈哈。"（H）

师傅呵呵地笑："是啊，老师讲话就是有水平。"

我笑。

12 点 42 分，师傅把车停在进站口，计价器显示 83 块。

我说："我给现金，整钱你不好找吧？零头我好像有，但估计不够。"

师傅说："不要紧，你给 73 吧……就给 70 好了。"（⑧）

我笑，一边收拾东西下车一边内心快速感叹："该减 7 块啊，师傅这算术题做的……一个并不见得宽裕的外来出租车司机，一下两级跳给我优惠，真是很大的善意啊！其实当我对你施行 ABCDEFGH 的微小干预时，你的心情和心态发生从①②黑面到③逐步和缓态度，到④⑤全心全意为我赶路，再到⑥简直太愉快了，最后到⑦⑧为我两级跳降价释放巨大善意，这个转变过程本身就已经非常给予我激励了！"

我递给他 100 块，说："不好找零就别找啦，多的给你孩子买书看，要说是一个大学老师阿姨送的哦，哈哈。"

然后他就看着我狂奔进车站……

12 点 49 分，我跳上车厢，动车启程。

— 6 —

隔天，我跟豆爸讲这事。

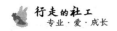
他一听就乐:"任老师真是的,净做吃亏事儿,跟人家说了半箩筐话,没收到小费,还倒贴20块。"

我笑:"切,你懂什么,我赚大了!也就20块钱啊,平时哪里不是扔?可是用在这里,这个司机心里可能会感觉巨大的……温暖呢。"

豆爸说:"就那么点钱?你怎么知道?"

我:"理论说的啊。意料之外的收益会带来更大的情感冲击,当事人会对所获得的酬赏赋予额外的高价值。他想给我好处呢,但最后竟然反倒是我给他了,这就不是意料之外了,而是巨大的意料之外了,所以他会感到巨大的……温暖和善意。你想啊,一个每天专职服务陌生人的出租车司机心怀善意,这是多大的社会效益啊!而且,他还知道了要对孩子们温柔呢,河南农村的两个小孩会收到一个大学老师阿姨送的书呢,他们感觉也很好吧……哈哈,我们社工就是太厉害了啊,佩服吧?"

豆爸哈哈大笑:"我主要服你的脑洞。"

"呵呵,好吧,可是我还是更服气自己的善意和专业呢。"

豆爸:"但是这种影响是很难持续的啊。"

我耸耸肩:"没关系啊,社工那么多,他还会遇见另一个的嘛。但重点是,不要轻视我们生命里某些瞬间被种下的种子,以及每个人自身成长的能力!"

面包可以掉在地上吗？

——多方需求平衡的关键技术

任　敏

— 1 —

2019 年春，我在教授本科生课程"儿童社会工作"时，发现有学生对儿童服务感兴趣，就选择幼儿园作为实习点，让这些学生去蹲点观察孩子。

一天，一个学生跟我讲了一个现象。她说："老师，我发现园里有一个'特别'的小朋友，不太跟其他人接触，看起来有点自闭，所以我就有意地多陪他。昨天下午发生了一件有趣的事。"

下午两点半，他蹲在草地上吃面包，最后估计是吃饱了就把剩下的面包丢在草地上。学生跟他说："小朋友，应该把面包放到垃圾桶里去。"

他盯着草地，头也不抬地问："为什么？"

学生想着怎么跟他直观地讲清楚，于是四处观察，看见院子角落里有阿姨在打扫，就跟他说："你看到那边阿姨在打扫了吗？如果不这样做，阿姨会不高兴的。"

他抬头看看阿姨，又望着学生说："可是我那样做了，蚂蚁会不高兴了啊。"

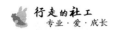
　　讲到这儿，学生笑呵呵地和我说："我当时一愣，我从来没有想到过蚂蚁会不高兴的问题啊。呵呵，老师，小孩子真有意思。"

　　听罢，我问学生："那你怎么回答呢？"

　　她说："我就想了想说，蚂蚁吃过午饭了，现在不吃东西了。"

　　我："然后呢？"

　　她："然后我就说'姐姐帮你把东西放到垃圾桶里好不好'，就跟他一起把东西清理到垃圾桶里了。"

　　我问："他怎么反应呢？"

　　她："他还是有点不情愿，但是也没有反对。"

我跟她说:"这个案例蕴含了非常丰富的专业意涵,我邀请你来参加研究生的实习督导会吧,我会用这个案例。我们一起来讨论什么是专业的回应方法。"

— 2 —

整个学期我也在督导社会工作硕士(MSW)的实习,在本科生跟我描述这个幼儿园场景的两天后,我开了一场集体督导会,训练同学们的专业能力,主题是"社会服务中的需求平衡"。

我在描述了该幼儿园场景后,对现场的十几个研究生说:"你们看,这是一个具体服务场景中多元主体需求冲突的典型场景——蚂蚁的需求和保洁阿姨的需求冲突了:小孩子希望蚂蚁能轻易在草地上吃到食物,而成年陪伴者希望遵守小区卫生规则、帮助维持环境清洁。假设你是那名陪伴社工,你将如何回应?"

督导组的同学沉默并面面相觑,短暂相视后,有人"扑哧"一声笑了:"突然怀疑自己竟然是不是不会说话。"大家都哈哈地笑起来。

我也笑了,鼓励说:"没事,我们先自然反应,给出回答吧。然后再来分析各种回应的说法反映了什么,以及什么是体现社会工作专业性的回应。话语是我们思维的外显,每句话都可能表达出你看事、对人的底层框架,所谓专业性的回应就是那些符合社会工作的专业价值和伦理的认知框架及反应。说错了也不要紧,今天就是来学习的,所谓学习就是从不会到会。如果你说错了,那恭喜你了,你今天必然会学到新东西,哈哈。"

同学们逐渐放松了,开始笑嘻嘻,各抒己见。

— 3 —

A 男生说："我会告诉小朋友，'这是规则，必须遵守规则'。"

B 女生说："蚂蚁是不吃面包的，蚂蚁是吃草的。"

那个来参加督导会的本科的 C 女生笑起来："感觉这种说法跟我的差不多，我当时说的是蚂蚁吃过午饭了，吃得很饱，它们不吃下午茶，哈哈。"

其他同学还要发言，我伸手表示暂停，说："我们先分析下已有的回应。前面我们说了这是一个场景，展示了多方需求冲突，对吗？我们看到这两个反应方案中，社工陪伴者的回应看似不同，其实本质都一样，即都是用一方需求去压制另一方需求。社工试图简单、直接地用自己想要遵守社区卫生规则的诉求去压制小朋友希望喂食蚂蚁的需求，用清洁阿姨少工作的需求压制蚂蚁的用餐需求。它们共同属于权力框架，而这不符合社会工作的平等价值观。第一种是显性权力框架，这是规则，你必须遵守。第二种是隐性权力框架，它体现了作为成年人的社工实习生试图通过捏造虚假知识（如 B 女生所为），或者扭曲信息（如 C 女生所为）而对孩子实施隐性权力，即利用我们在小朋友心目中'大人比我懂得多'的认知，加上输出扭曲或虚假的知识或信息来'哄骗'孩子放弃他的诉求。所以这本质上也是权力框架，但是社会工作的价值理念是要求我们追求平等、对弱势对象赋能的，对吗？应用权力框架显然不符合我们的社工价值吧？"

社工实习生们听得愣住了，继而恍然大悟的样子："哇，原来是这样！"

D女生举手说:"老师您看我这样回应怎样?'小朋友,这里需要保持清洁,不适合乱撒食物,但你想给蚂蚁吃也是对的。这样吧,我们用一张白纸,把面包渣放到上面,等会儿蚂蚁吃过了,我们来取,好吗?'"

我笑着竖起大拇指,说:"这是更社工的做法。首先你承认多方需求都是合理的,这个回应及处置方案的特点是:首先,它拓展了空间资源,用一张白纸拓展出多一重空间;其次,它还预支了未来的时间资源,'等会儿蚂蚁吃过了,我们来取'。即,其解决方案遵循'先满足你的诉求,后满足保洁阿姨的需求'的结构,通过预支利用未来的时间资源和空间资源,对多元主体的需求实现了平等处置。"

大家闻言兴奋起来,E女生提出另一个同时满足小朋友的需求和保洁阿姨的需求的解决方案:"小朋友你说得对。那我们将面包瓣碎了,撒入草丛里,大块的放到垃圾桶里。这样既保持了地面上的整洁,面包碎掉到草里,蚂蚁们也更方便取食。怎样?"

大家都热切地看着我。

我笑:"相较于上一个解决方法,这个方案则是一个进阶版本了。第一,它同样兼顾了多方需求;第二,它应用了空间拓展法,把解决方案的行动空间从'地面'拓展到'草地下',而且相比前面第三个方案少用了一个维度的资源——时间资源,可见,这个方案相比以上方案应用更少资源,也达到了同样的结果——出台了平等处置多元主体间冲突性需求的解决方案,或者说平等地满足多方需求的方案,行之有效而且符合社会工作价值和伦理。同学们很棒啊,简直太'可教'了,哈哈哈。"

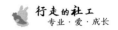

我边说边起身走到会议室前面的白板旁，拿起一支马克笔，说："现在我来给大家画个表（见表1），大家比较着看就更清楚了。"

表1　多方需求冲突与需求平衡/平等分析示例

需求回应方法	回应方法的底层框架	隐含逻辑
这是规则，必须遵守	显性权力框架	以一方主体的需求压制另一方主体的需求
蚂蚁不吃面包	隐性权力框架	以一方主体的需求压制另一方主体的需求
放在一张白纸上，等蚂蚁吃完了我们来收拾	平等框架	多元需求平衡之时间—空间拓展法
把面包捏碎撒入草缝里，大块的放到垃圾桶里	平等框架	多元需求平衡之空间拓展法

同学们惊喜："开眼界了，开眼界了，原来我们社工真是有专业性的呢，跟志愿者不同呢。"

我笑："那是当然，只不过看你学到没学到。反正你们今天是学到一点啦。"

— 4 —

等同学们从激动的状态平静下来后，我又问："好，接下来你们又该如何跟小朋友说？"

同学们又愣住了："还需要说什么？"

我启发他们说："刚才我们演练的是如何平等地对待小孩的需求，是吗？所谓平等地对待小孩，这句话里就蕴含着小孩是弱小的。那么我们社工对弱小者还需要做什么？赋能啊！赋能啊！"

同学们恍然醒悟的样子，但是随即又犯难了："那该怎么说？"

我笑："怎么赋能？一般我们会用优势视角，对吧？比如去挖掘服务对象的优势、特长，并向他们揭示，提升他们的自我效能感。所以现在你们还当他们是弱小者，没有优势的吗？想想，他们能干体现在什么地方？"

同学们相视，交换疑惑的眼神。

我继续启发说："或者说他们比你们能干在什么地方？又或者说，你们因为这个小孩子学到了什么？他们启发了你们什么之类的，那都是他们的优势之处，值得被揭示、放大的地方。"

同学们纷纷领悟。

D女生说："他们的视角很奇特，启发了我，我会对他说，'哇，小朋友，你真的很厉害，你竟然能想到蚂蚁想吃东西呢，我都想不到'。"

E女生说："我会夸他很细心，而且有爱心，会想到蚂蚁要吃饭，为蚂蚁所在的这个生态系统中更弱的弱者代言。"

我们呵呵地笑她的"弱者为更弱者代言"论。——这简直也是在说我们社工自己嘛，哈哈。

我说："除了直接夸小朋友，也可以说我们因为他所获得的成长，其实这也是赋能对方。比如说'谢谢你，小朋友，是你启发姐姐去想得更多，也想法去做得更好'之类的。这两种方式都可以。但如果对成年服务对象，一般用后面的方式更好，因为成年案主各有其性格，你夸对方，有时候可能夸不准的，对方不买账，但是你说的是你自己的收获与成长嘛，那这就不可辩驳了。而这份成长与收获又是因他而获得的，所

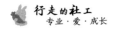

以，对方也能感受到自己的价值，这就成为我们对对象赋能的一个情境。"

我进一步说："那么，我们刚才赋能用的是什么资源？——符号资源！我们通过叙事建构了一种意义给对方，以期促进对方更全面地认识自己，尤其是认识到他的优势、他的价值。将符号作为一种文化资源，符号建构作为一种技术，加上空间拓展法和时间拓展法，那么我们平衡多方需求就有三种技术了，是吧？"

同学们闻之喜笑颜开，赶紧低头在小本本上记起来。

我突然笑着说："我特别感谢同学们！看，是你们提出实习中的难题，才启发作为督导老师的我去思考如何处理这些难题。先找到处理的依据，那就是我们的专业原则，然后又思考如何将这些原则化入行动。而且，也是因为同学们的参与，我们今天这个经典的专业教学案例才会产生啊。"

同学们会意，哈哈大笑。

— 5 —

社会工作提供的是专业社会服务，但是社会服务似乎谁都可以做，各个社区、学校、单位里不都有志愿者做社会服务吗？那社会工作的特别之处何在？专业性何在？

我们常说社会工作的专业性体现在其理论和方法上，但是社会工作基本上都是借用社会学和心理学的理论，我们不应止步于此。我常思考两个问题。第一，是否存在一些社会工作的独特工作思路，基于社会工作的独特概念（如"需求"、"平等"、"赋能"、"关系"和"人在情境中"）发展而来？第二，我们是否可以发展出一些中层的可操作原则，在这些中层原则指导下，我们也足够借以应对各种情境和状况，只要我们依照这些原则去行事，那就符合我们的专业原则和理念，凸显我们的专业性。

社会工作强调关系。我们在社会服务中很多时候都在处理关系，建立了关系才能开展服务，服务过程中很多时候也都在处理案主与其环境的关系。而关系会出问题，常常就是因为在资源有限的情况下多个主体间的需求不能共同满足，往往会以牺牲某方需求为代价，这种个体或群体间的需求冲突及满足的不平衡性往往会导致关系破裂。

在 2019 年春的这次督导会上，同学们尝试将这种专业思维广泛应用，使那些看似无计可施的沉疴性问题得到解决的成就感对他们产生了巨大的激励，加深了他们对专业的理解，培训了他们的专业能力，也提升了他们的专业认同。

说起来，这条需求平衡原则，最需要学习的是那些动不动就说"没有办法，总得牺牲有些人的利益"的人。一旦服务者觉得一些人的需求注定比别人的更低，另一些人的需求更高级、更迫切，一些人的利益注定要被牺牲，就堵住了那条寻找需求/利益平衡的可能的出路，也堵住了实现"美美与共，天下大同"愿景的出路。

治大国如烹小鲜，小到跟一个小朋友在草地上的一场对话，大到一个社会内的利益分配，尊重且平等地对待多方需求，借用时空两类天然资源来达致需求平衡，莫不可如此。

社会工作的专业性何在？它可以在多广的范围内应用于我们的生活，协调群体间的利益分配及其关系，帮助我们实现个体与环境的适应，达成社会范围内的善治？我们社工人，怀抱希望，一起继续这个探索之旅吧。

附属小学学生可以进大学图书馆吗？

——多方需求平衡的底层理念

任 敏

— 1 —

某天，为了给9岁的女儿办我家所在社区的图书馆的借阅卡，我在朋友圈集赞，女儿突然问："妈妈，你为什么不带我去你们的大图书馆，门前有喷泉的那个？"

我："因为你没有出入图书馆的校园卡。"

她："为什么？"

我："因为图书馆是给H大师生开放的，你没有资格办理。"

她突然疑惑了："为什么？我也是H大的学生啊。我在H大附属小学读书，是'附属'小学！那我就是H大的学生，是小一点的学生而已。那我应该也可以进去那个大图书馆！"

我："我不知道，但是上次我想去给你办一张校园卡，这样你可以自己去吃饭，我被告知不能给你办理校园卡，只能给你办'校外卡'，即你每餐饭菜要加价20%。而如果你没有校园卡，你就没法进出这个大学的图书馆。"

她："为什么？我应该有校园卡！我天天在H大上学啊。"

我："不知道，学校的规定就是不允许吧。"

她有点生气了："谁规定的啊？怎么规定的啊？我是这里

的学生——小学生也是学生啊，我却不能进图书馆，没有校园卡？我想去图书馆！"

我突然想起来，2019 年春我的非全日制学生跟我抱怨说她无法进入图书馆借书："一样在学校读书，我们（非全日制学生）还多交钱，却不能进图书馆借书，好像我们不是这里的学生一样。"

我又看看眼前生气不解的女儿，心有所触动，就将这个场景分享到朋友圈，想听听大家怎么说。

— 2 —

很快，手机收到微信留言，是一个已毕业的社会学专业的学生发来的信息。

他说："任老师好，看到您的朋友圈啦。我想跟您真诚沟通下我的想法，我不赞成小学生进入大学图书馆。第一，允许小学生进入大学图书馆，能不能维持图书馆安静的学习气氛呢？如果不能保证，那这不是对 H 大学的主体——大学生们不公平吗？这也会极大增加图书馆管理的难度。第二，H 大学图书馆到底为谁而建呢？毫无疑问，设计之初是为了大学生，国家经费也是投入到大学生身上，馆藏书籍也是为了大学生们而准备的，小学生进去之后可能没有适合他们读的书籍，就这点而言，大学图书馆确实就不是为小朋友们设计的。大部分小朋友不需要去大学图书馆而是需要去儿童图书馆。从这个角度出发，学校的规定也有许多合理性。"

我的学生总能跟我坦诚地交流他们的想法，每次交流都提供了一次契机，我们可以借机讨论学习如何更加深入、更加专业地看问题。看来，这个"附属小学学生是否可以进大学图书馆"的事件又将成为一个值得琢磨的案例。

我对他说："你说得有道理，我也思考过。但我要问你几个问题。第一，如果因为觉得小孩吵闹因此禁止他们进图书馆，那是否所有图书馆都不该向小孩开放？接着第二个问题，现实中是有图书馆接纳小孩进入的。那请问那些允许小学生进入的图书馆是如何做到的呢？比如你也不妨去观察，小学的图书馆是如何让小学生们保持安静的呢？第三，把大学生和小学生完全隔离开来的设置是否最佳选择？对大学生是最佳选择，对小学生呢？那么我们需要考虑附属小学的小学生吗？"

我的言下之意是：第一，图书馆并非游乐场，其实所有图书馆，包括对小孩开放的图书馆都是比较安静的，小孩们并没有如一般大人们所想象的在里面奔跑、打闹；第二，经验表明，我们可以比较有效地管理小孩在图书馆的行为，关键在于你是否愿意为了满足这些孩子的需求而去想办法做点什么。而是否愿意的前提是，你是否能够尊重、认可附属小学的孩子也有参与分享大学校园图书馆这个公共资源的权利或说资格。

但是该同学继续沿着他的思路往下走。

他回答我说："是因为小孩儿吵，所以不应该把他们安置到大学图书馆，而非所有图书馆。据我所知，在一些大型综合图书馆里，有为小朋友们设计的楼层，也有专门的工作人员来服务他们。"

对此话语，我尝试分析一下：第一，他知道人类社会是有办法将小朋友安置在图书馆的，比如他知道一种制度设计，即"专门区域"；第二，他认为小孩吵闹，不应该安置到大学图书馆，是因为那会损害大学生这个"主体"的利益。

所以，该生的潜在意思可能是，大学生是这个学校的主要/中心主体，小学生是次要/边缘主体。前者的利益是重要的，而后者的利益是不重要的，只考虑前者的权利而无须考虑后者的权利。进而，当两类群体的利益发生冲突时，我们并不用通过制度和管理技术的改进来合理协调、安排、共同满足（或部分满足）主要/中心主体和次要/边缘主体的利益，而只需简单地将次要/边缘主体排除在外就行。

以上思路是基于批判视角的分析，它揭示了我们社会中存

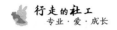
在一种思维模式，即处置社会中各主体间利益的权力范式。这种思路的特征是把人群划分为中心和边缘、主要和次要、主体和客体，为了前者的权力/利益而无视甚至牺牲后者的权力/利益。因为资源有限，次要主体加入争权/利会损害主要主体，所以次要主体的权力/利益可以被排斥出去，是不用被倾听的。如果他们发出了声音，那我们就去跟他说"要实现你的利益就会损害我们的利益，所以你要求实现你的利益是不对的"。最重要的是"我们"认为就应该是这样的，这是具有正当性而不用质疑的！

这个思路是不是很常见？其实目前学校的做法就是否定附属小学学生作为学校一分子的身份，进而不向他们开放一些关键性学校资源，如小学生在食堂吃饭加收 20% 的费用，去校医院看病是全额自费支付，不能出入大学生的资源区域等，总之与校外人员等同。那么，究竟附属小学是不是属于大学体系呢？又，我们依据什么来判断他们属于大学或者不属于大学呢？甚至大学仅仅是大学吗，是不是个社区生活共同体？作为组织的大学和作为社区中重要部分的大学要承担的在地责任显然是不同的。这是个基础性的问题，它的答案将影响到后续一系列的判断。

这让我又想起当年非全日制学生抱怨他们不能进出图书馆借书的事，当时他们是否也因为被定义为次要主体才不被允许享有同全日制学生一样的待遇呢？客观地说，确实存在一种现象，尽管都是一个大学里的"大学生"，但是其内部也被划分了等次，比如在学校待遇、单位应聘等制度层面，全日制学生都比非全日制学生更受青睐。

我突然想问清楚这件事。

— 3 —

我问现在的非全日制学生。她回复我说："我们现在可以进出图书馆借书，跟全日制的同学一样。"

于是我给已毕业的非全日制学生留言："2019年，你曾跟我说你们不能进出图书馆借书，跟全日制的同学的图书馆使用权利不平等，后来情况怎样了？"

她说："是的，当时我们觉得学校这个做法不对，都是来读书的，咋还不让我们去图书馆借书了呢？这不公平。后来我们去跟院里争取了一下，就可以了。"

我心里纳闷，这不应该是跟院系层面领导沟通就能解决的，这应该是属于学校层面的制度问题吧。

没想到，朋友圈里一个图书馆的老师就给我来了信息："2018年9月起，学校对非全日制研究生开放图书馆功能，包括使用电子资源。那是在学校召开针对非全日制学生使用学校资源的协调会之后。其间研工部做了调研和协调。"

我想探知这个过程，于是给曾经负责研工部工作的一位老师打了电话。

他说："这实际上是一个新事物出现之后，我们如何在组织上、制度上响应的问题。2016年9月发布的《教育部办公厅关于统筹全日制和非全日制研究生管理工作的通知》发布后，我们学校就开始招收非全日制研究生。从2017年到2018年，我们接到有些非全日制学生关于图书馆权限的反映。都是我们自己的学生嘛，所以我们就和图书馆开会讨论解决这个问题。我们认为，按照文件，非全日制学生跟全日制学生一样，

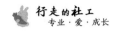

都是在教育部有学籍、有学历和学位双证的，招生毕业的要求也一样，所以也该向他们开放图书馆权限。2018 年 9 月，新一届非全日制研究生入学的时候，应该就已经享有与全日制学生同等的权利了。至于你说的 2019 年春还有非全日制学生不能出入图书馆借书的问题，那可能是政策执行中的时间差问题，或者个别操作问题，我们发现了就会及时纠偏。"

这就是我校行政系统同事们处理这个问题的过程。它在逻辑上可以提示我们以下几点。

第一，身份认定问题，这涉及资源分享的边界，即共同体的定义问题（后面会具体讨论）。比如对于非全日制扩招后非全日制学生的"身份"问题，就涉及"正式学生"的定义问题。他们究竟是不是我校的"正式学生"呢？根据教育部相关文件，"全日制和非全日制研究生实行相同的考试招生政策和培养标准，培养质量坚持同一要求，其学历学位证书具有同等法律地位和相同效力"，这就是将非全日制学生归于"正式学生"的类别，那么他们就应该享有同等的权益。

第二，组织对事情的认识要经历一个过程。H 大学自 2016 年教育部文件发布后即开始招收非全日制学生，到了 2018 年，非全日制学生多起来，逐渐为自己的利益发声，相关部门意识到这个问题，于是启动相关方联合解决程序。

第三，任何一个单位或机构的制度都是发展的，因为情况是变化的。

第四，组织的工作应当是开放的，倾听组织相关各方的诉求表达。

第五，组织针对内部各利益群体，当给予组织化、制度化的表达途径和协商机制。

— 4 —

回顾非全日制学生的图书馆权益被承认的过程，以及我的学生对"小学生是否可以入大学图书馆"这件事的认知反应，我们不难意识到，对少数者和次要者可能实施的不平等现象及其合理性辩护，其实未必来自恶意，甚至只是你我他都可能发生的下意识的反应。从某种意义上说，划分等级是在资源有限条件下进行资源分配、维护强者利益的意识工具，后逐渐演变成对这个复杂世界的一个简化的、基本的认知工具。而正因其"自然"，我们才更要警觉。这也说明了何以社会工作格外强调反思的重要性。

但要特别说明的是，反思不是反对分层划级，尤其是涉及资源分配及公共资源使用的时候，如果不能分层划级，岂不是又回到平均分配"吃大锅饭"的老路了？关键问题是，分层划级的依据是什么？我们要保持追问，对既有的制度安排保持反思。若从系统观出发，划分当遵循是否有利于实现整个群体的最大利益，或者说最有利于群体整体利益，以及在更高阶层次上是否符合群体文明原则——利益是通过理性衡量的，有时候文明原则就是为了弥补人类理性的不足而制定的——是旨在保全整个族群的文化规定。这些划分依据或说原则，包括权利与利益对等、保护弱小等。

有意思的是，我的一个社工学生正好给我发信息说："老师，我在读《面包可以掉在草地上吗？——多方需求平衡的关键技术》一文，我有个问题，难道所有的需求都应该被满足吗？都值得我们去平衡吗？"

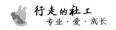

这个问题很有意义,我回复如下。

这是个好问题。我的理解是,并非各方的需求都要全部被满足。而且所谓多方需求平衡,在实践中,我们首先也主要是在平衡利益共同体内部相关各方利益的意义上而言的。具体来讲有以下几点。

第一,基本原则是平等对待各方需求,想办法去平衡。这是一种尊重相关方、创造性地突破现有资源约束、促进个体间和群体间意志实现公平的思维方式。

第二,所谓各方也是有边界的,即在特定共同体内部的各方,其需求是需要满足的,即你的需求是否当被纳入考量要先认定你是否属于共同体一员的身份和资格。人民内部矛盾和敌我矛盾就提供了一个分析框架,"人民"内部的各方主体都是"人民",就要平等对待,"敌人"群体内部虽然也都是人,但他们的身份是"敌人",所以他们的需求一般来说我们就不考虑了(在战争中善待战俘之类的那是人道主义的逻辑,与此处的功利主义理性逻辑不同,不论)。在"面包可以掉在草地上吗"的案例中,我们对蚂蚁需求的尊重本质是尊重小朋友的诉求,因为小朋友是我们关注的主体,那是我们的一分子,他们的健康成长是我们关怀的,所以我们不压制他的诉求,而是尊重他的意志,努力想办法去协调、平衡他要喂蚂蚁吃饭和我们要帮助清洁阿姨维持环境整洁的需求。如果蚂蚁的诉求不是附着在孩子的意志上,那么它们的需求就没有纳入考虑的必要。除非蚂蚁要灭绝了,这个种族的命运影响到我们人类的命运,那又是另外的逻辑,否则资源有限,我们不会想用到它们身上。

第三，并非"都要全部满足"，一是每个群体都有最大化自己利益或扩张自己权利的内在倾向，二是资源总有限度，所以，在确定的时间范围内，确实很难实现各方利益诉求或者说需求全部满足。甚至即使是一方"全部满足"，另一方或其他多方也可能什么都不剩，所以群体间的权力和利益基本都要通过适度的妥协达成，无法"全部满足"，我们倡导追求的结果是"部分满足"，且各方认可。

第四，平等对待不等于在特定时空环境里的平均对待。受限于资源约束，如"面包可以掉在草地上吗"案例中所言，我们可以借用时空资源，比如未来的时间资源。因为有些人的需求是需要在未来满足的，有些人的需求是需要在眼前满足的，有些人的需求是眼前先满足更多，有些人的需求是未来得到更多补偿，等等，所以需求的满足其实难以避免先后次序，在"面包可以掉在草地上吗"的案例中，有些需求也是要等待一下的。

第五，为什么要在乎共同体内部的各方利益平衡呢？因为长久观之，出于系统利益的整体考量，利益共同体内部的各方主体的需求最好被平等对待，利益最好均沾，如果不是均分的话。如果持续存在不平衡，即一方对另一方或多方利益的持续压制，就会孕育反抗意识/行为，进而危害整个共同体的利益；当然也会反过来损害甚至是重点损害既得利益一方。但是什么是利益共同体，如何定义、如何划定边界是需要智慧参与的。就"面包可以掉在草地上吗"的案例，刚才我讨论了蚂蚁的诉求在什么情况

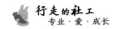

下可以进入我们的考量体系，可启发你去思考。

第六，多方需求平衡原则的重点是认识到多方需求都需要被尊重，主要是尊重共同体内部弱势者的权利，回应弱势者的需求。我们要对当前的制度安排甚至每次微观行动保持反思，充分打开思路，在资源约束条件下去想办法，借用时空资源、符号资源等去达致眼前权力/利益的主客观平衡，并追求长远、更高程度的公平分配，而不是一旦遇到资源约束就"下意识"地，本质上是简单、粗暴地以一方需求压制另一方需求作为解决手段。那既不人文，也不符合公平原则，还会增加潜在的风险，比如长期来看可能致使群体整体利益受损，乃至失序。

— 5 —

回复完，我想也该跟那位社会学学生反馈了。

我前面已经讨论过了分层划级的思维方式是如何可能体现在他的思维中、这种思维方式的本质是什么，以及我们何以要保持反思。那么，如果顺着新的思路，我们就可以强调或追问以下问题。

第一，共同体以及共同体内部的主体界定问题。但是注意这里面有两个共同体概念。

A：H大学是一个组织共同体，从这个共同体来看，H大学附属小学的学生能否进入大学图书馆，就要追问小学生是否属于H大学的学生体系的一部分，这也可以延伸到附属中学的学生。如果他们属于这个范畴，则他们有权进出大学图书馆；如果他们不属于这个范畴，则无权进出大学图书馆。那么答案很可能是否定的，即他们是小学生，不属于大学生体系。那为什么我们又模糊地觉得一个 9 岁的小女孩提出的问题有一定的道理呢？这就跟第二个共同体概念有关。

B：H 大学作为一个社区共同体，全称为××省××区××街道 H 大学社区。这里面有两层追问。①附属小学和中学的学生属于这个社区共同体的一员吗？是的。②H 大学的资源是否应该与社区适度分享，或者说学校是否负有服务在地社区的责任？从理念层面讲，作为一个组织，大学有服务社会的职责，部分就体现在与社区分享资源，促进社区发展。从功利层面讲，组织社会学的"合法性"概念及其研究告诉我们，组织是要满足其所在社会/社区贡献资源的期待的，否则就不具有在地的合法性，否则若在组织的发展中遇到与社区相关的利益协调问题，就很难得到社区的支持。

第二，不管你是承认附属小学生是 H 大学这个组织内部的一分子，还是承认二者共同属于这个社区的主体，你都承认了附属小学学生分享 H 大学组织资源的资格，只是资格不同，分享的程度不等罢了。那么接下来，我们就只需要讨论如何在制度设计和技术方式上保障其分享大学图书馆资源的权利就是了。

第三，与此同时，我们也要充分保障大学生的权利，根据我们之前讨论过的多方需求平衡的关键技术，我们可从以下几个维度去想办法拓展图书馆资源分享中的约束边界。

（1）从空间维度想办法。比如在图书馆内开辟一小块专区，同时请大学生志愿者来维持小学生纪律。我们社会工作专业的学生正好可以开辟一个实习场所，学校不是一直在设置勤工助学岗位吗？这就可以开发一个。这种设计还加强了年轻人和小

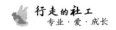

孩子，即世代之间的沟通交流，且培育了年轻人的社区责任感。

但实际上，这个空间设计的建议估计难以实现，因为我们可能并不将附属小学生定义为学校这个组织中的一员，因为学校不给小学生注册校园卡，那是校园身份的象征。然而这个勤工助学岗位是可以有的，大学生可以去附属小学开展社会服务，推动社区服务发展和促进群体间交流，既可教育大学生也可帮助小学生。

（2）从时间维度想办法。我们也可以设想错时利用图书馆资源，在大学生较少利用图书馆的时候尝试向小学生开放。其实大学生和小学生们利用图书馆的时间不太会一致。如果小学生需要用图书馆，则基本上是在寒暑假，顶多偶尔还有个周末。这个时候则是大学生们很少用图书馆的时候，比如暑假里工科生要泡实验室，文科生则要去做社会实践，寒假里大学生们要返家过春节，但是小学生基本上都是本地的。另一个问题是，图书馆的管理人员有没有寒暑假安排？空间可以安排，人力呢？如果人力不足，是否可以由勤工俭学岗人员或社区志愿者替代？这提示我们每个方案的实施也都有其约束条件需要突破，那是否能够践行就要看其能否突破。

（3）从符号维度想办法。假设我们认为大学图书馆的空间不适合让渡，整块的时间，比如假期，也受到约束不能让渡，那么我们也可以做到以下两点。①在大学图书馆的"闲时"设立"大学图书馆中小学开放日"，让有意愿的中小学生来参观，让他们看看大哥哥、大姐姐们安静认真刻苦学习的形象，会给予他们积极的榜样的力量。这个设想，我已经通过局部实践，向小学生开放大学生课堂亲测有效了。小学生并没有扰乱我的课堂秩序，且我收到反馈说："大学生的课堂好安静啊，我觉得我们班的同学都应该来听一次大学生的课，那样我们上课就会安静很多。"②在附属中小学的图书馆上冠名，"大学图书馆附属中小学分馆"，一个"分馆"的词，就帮助建立了他们同属于一个体系的归属感，如果附属中小学在乎的话。"大学图书馆中小学开放日"和"分馆"的冠名都属于应用符号资源来平衡需求的策略。但是当然，假设冠名对于小学可能有收益，那对大学又意味着什么？这又涉及学校的冠名管理制度问题，成为一个约束条件。

以上，本质上我们都在组织的角色及组织在社区中的角色层面来讨论问题，但角色是结构，如果都按照角色行事，我们就难以创新，行动也难以拓展。作为受到高等及以上教育水平的群体；作为人类知识生产和文明规则（意识形态）输出，立意仰望星空、关怀人类命运的高校这一特殊的组织，我们完全可以在这个层次之上，瞄准更高的原则或者说理念去行事。比如，我们不用去分析组织不回应社区期待会有什么不良后果，也不用说组织对照着职能规定去限定自己该做什么，而只要想着，他们是小学生，是我们的下一代，是祖国的未来，我们遵循一种基本的族群伦理，我们就不会断然拒绝倾听他们的诉求，而是会尽我们所能，想法去帮助他们成长，为了他们的发展计。

需要说明的是，以上我在提出每条"想法"之后，都在追问其实现的约束条件，鉴于其中一些追问并不能得到答案，所以整个对话过程本质上只是我们所做的一次"专业思维体操"，而非基于深入调研而做的行动提案。社工是强调实践的，但这个专业的实践与一般在岗人的实践有所不同，即我们提倡从现实出发，但也总是瞄准理想，并保持深刻反思，为了公平或赋权弱势者而主动积极行动，不是依约束条件而行动，

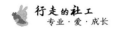

而是尽力寻求突破当下的约束条件，做出兼顾多方需求的体制设计，令各方更满意，群体间共享发展。

Ps. 这篇文章成稿后，我发给一位在某大学图书馆工作的朋友看，她的看法分享如下。

一、大学作为国有事业单位，从组织机构的角度来看，其主业在于高等教育职能，人才培养、科学研究、科技创新、社会服务、文化传承与创新。大学的办学资源，主要面向大学生、教职工，大学图书馆便是如此。

二、附属中小幼学生主体是教职工子女，也是社会的一分子，从大学关心爱护教职工的角度，从大学社会服务职能、大学图书馆社会服务功能的角度，可以针对附属中小幼学生甚至社区以外的其他中小幼学生和其他社会人士提供相应的参观讲解、体验和阅读推广等活动。我所在的图书馆就曾经有过这样的尝试。经过充分准备，馆员们接待了附属幼儿园小朋友、附属小学的学生们参观，做了颇有童趣的图书馆介绍PPT，还提前在指定阅览室书桌上放置提示牌，提醒大学生们，有小朋友来访，请多理解。活动的效果也非常好。

三、你这里面强调了各个群体间的连接性。面对数字化、组织化，各个群体之间的连接越来越广泛、充分和深入，对于社区、社会群体对图书馆体验的需求，我们的工作理念和实践对此也应该有思考、有举措，进行有针对性的、适度的回应。这也是大学图书馆参与社会发展从管理走向治理的一个很有意思、有意义的领域。

国庆不放假，怎样决策才合适？

——组织决策中的多方需求平衡

陈沛依　冷丹琪

— 1 —

2020 年国庆中秋双节，在全国人民欢度八天小长假的时候，我们武汉高校却不放假，只放"十一"这一天。国庆将近，接到这个通知的同学们表示很无语，默默拆开打包好的行囊，取消了行程，也和期待已久的旅行说了"再见"。

节前最后一次"社会工作理论"课，上课前，任老师笑着走进来，一边走一边问："为了疫情防控需要，长假取消，大家应该都没意见吧？"

同学们几乎一致地纷纷摇头。

任老师表示诧异："为什么呢？我以为你们没意见呢。你们知道，学校其实也讨论过有关放假的问题。就学校管理者的角度而言，考虑到武汉处在这么特殊的地理位置，秋冬季说不准会有疫情反弹，风险是很高的。严格管理是降低同学们因为连续的假期外出旅游而带来的健康风险，同时，也尽可能避免把风险带回学校。老师们也认为，半年没返校的大家都特别想回到学校，现在才返校一个月，不连续放假也没关系吧？"

同学们摇头，七嘴八舌地讨论着。

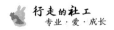
"武汉已经完成全民核酸检测了，并且正常返校的同学多来自低风险地区，中、高风险地区的同学也都按照规定做过了核酸检测或进行了隔离，风险其实并不大。"

"现在很多地区的高校，包括 2020 年年中时疫情一度紧张的北京部分高校，也开始逐步放宽学生出入校园的政策了。"

"再说，学校在决定是否正常放假的时候，完全没有征求学生们的意见啊。"

— 2 —

这时，上课铃响了。

任老师笑说："那这个问题有意思了！学生对于出校、放长假的需求，与学校出于疫情期间防控的需求，显然存在冲突。那我们能否找到一个折中的解决办法，同时兼顾这两方的需求呢？学校管理者在决定时并没有征求学生的意见与建议，导致你们的需求被忽视，那如果是社工去参与这个决策的制定，我们可能怎样去平衡呢？"

同学们顿时面面相觑、鸦雀无声了。

任老师笑着鼓励大家："试一下嘛，不能光说人家做得不好，我们能不能做得更好呢？"

教室里仍然无声。

她尝试着引导说："好，那我们先看优秀经验。刚才你们说到的北京的学校是怎么做的呢？你们究竟是怎么想的呢？"

有同学说："北京有的高校也不连续放假，但他们会提前通知同学们。"

任老师点点头，在黑板上一边记录一边说道："好，也就是说让大家提前知晓，这是我们学校决策的可改进之处。为什么提前让同学们知晓是重要的呢？为什么我们认为不连放八天假就不舒服呢？因为以调休的方式放小长假是惯例做法，这符合我们的传统期待。如果一种面向公众的决策不符合民众期待的话，决策者和管理者应当给予提早说明，好让后者有调整应对的时间。现在从社会工作决策的前提出发，即假设不是管理者的需求更重要，也不是同学们的需求更重要，而是管理者和同学两方的需求都重要时，我们要如何决策呢？"

同学们思考着。

任老师又说："我们讲过当多方需求冲突时可以用空间拓展法和时间拓展法来解决，是吗？我们假设学校说，'同学们，因为疫情防控需要，请你们理解，国庆节我们就不放假了，但这个假期会在寒假补给你们'，这样你们愿意吗？"

一位同学说："与全国其他人民一样，调休连续放假本是学生作为公民应该享有的权利。学校只是说了没有放的国庆假期将会顺延至寒假，却没有说将原本的寒假提前或顺延多久。学生只是被动地接受安排，这让人难以接受。"

任老师说："好，那假如学校说，'我们提前一周放寒假作为补偿'，可以吗？"

同学们摇头："不愿意。我们本来考完试就可以回家了，本就会提前放假的。"

任老师："哦？那若是将寒假往后顺延一周，也就是说推迟一周开学，你们愿意吗？"

同学相互看看，纷纷点头，表示满意了。但突然一个同学提出："我不愿意！到时候其他高校的同学都开学了，我一个人待在家里，同学都走了，也没有人一起玩，多无聊啊！"

大家都愣住了，看看那位同学，又回头望着任老师。

任老师点点头，说："嗯，首先多数同学都认可了，那么我们就可以这么定了，但是有同学不愿意，我们也要有所考虑。针对这种情况，我建议同学注意，推迟一周开学是一个福利，给你多一个选择，你可以选择在家多待一周，你也完全可以提前回校啊。如果你觉得待在家里没有同学一起玩，那你就邀约好友提前返校一起学习、一起玩耍嘛！实际上每个假期都有不少同学提前返校。你看这样可以吗？"

那位有"独特需求"的同学仰头想想，点头说："这个可以。"

大家终于都轻松地微笑起来。

任老师也笑了,说:"哎,你们看,明明有这样可以解决问题的好办法,为什么管理者却不实践呢?因为参与学校国庆放假决策的人没有受过社会工作培训啊,哈哈。"

听罢,大家又乐了。

— 3 —

我们社工的专业性是如何体现在这个问题的模拟解决过程中的呢?任老师总结如下。

首先,社工独特的价值——追求平等,这决定了我们的决策起点不是只重视一方而忽视另一方,而是各方需求都要重视。在上例中,学校管理者希望防范疫情风险的需求是重要的,而学生希望延续传统有一个小长假的需求也是重要的,同学们甚至提出,"那是我们的权利"。

其次,决策之所以困难是因为特定时空中多方需求之间往往是冲突的,那么方法上我们可以通过时空拓展法,纳入更多的资源来缓解或化解需求之间的冲突。案例中,如果管理者在疫情之后的第一个国庆节要注意疫情防控的需求,与学生想在国庆放小长假的需求冲突了,那我们就延伸一下时间,通过纳入后面的时间资源来满足这两个需求,即眼前满足疫情防控的需求,后面补足学生的需求。

再次,不仅学校的管理者和学生群体的需求不同,学生群体内部的需求也可能是不同的。在这种情况下,群体内部的决策方式一般有两种:第一种是权力原则——谁有权谁就说了

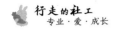

算，多发生在两个具有相对利益的群体之间；第二种是民主集中原则——少数服从多数，多发生在一个群体内部，这往往是我们认可的民主，但是也存在多数人对少数人"暴政"的风险。而有我们社工参与的决策有何不同呢？

在我们社会工作者看来，每个人的需求都是重要的。我们也可以实行民主集中制，但不限于此：我们既重视多数人的需求和诉求，也不轻视少数人的。所以，我们虽然做出了集体的决策，即国庆节不放小长假，满足了管理者疫情防控的需求，但同时决定明年春季推迟一周开学，以补偿并满足同学们秋季"小长假"的传统期待。此外，我们也倾听了少数不愿意的同学的意见，并为这些同学提供了满意的方案。

最后，整个决策过程是开放的，特别重要的一点是，我们永远不会对反对之声"say no"。一般人为什么会压制 no？因为那意味着挑战、反对和麻烦，而我们认为，那代表着我们的方案还不够完善，是我们将决策和方案做得更好的机会。

— 4 —

这就是我们的"社会工作理论"课。为了解决理论学习中各个理论流派知识学习碎片化的问题，以及理论学习如何转化为实践能力的问题，任老师的每次课堂都会就我们提到的某个案例展开讨论，联系案例中的问题，提供一次出台解决方案的演练机会，最终分解其中的原则、方法、技术等。

在社会工作理论教学中，任老师提倡"自助助人"，即我们先练习将社会工作的思维、方法用于解决我们自己生活中、身边环境中的问题，由此来加深我们对社会工作专业及其理论的认识，并积累初步经验，培养专业效能。

将社工专业实践性思维代入生活中，当遇到一件引发争议的事情时，如"今年国庆不放假，决策应该怎么做才好"的问题，我们不会只是因为这个决定有损我们的权益而隐隐愤怨，而是从社工视角出发去探索令各方更满意的解决之道，从中窥知管理者与社工思维的差异。我们在理解管理者的同时，也可以想象如果是自己，会怎样平衡一群人的多种需求，甚至可以向管理者提出有效的建议。

这次"不一样的社工课"令我们印象深刻，特做记录，与你们分享。

不要轻易对人 "say no"

——关于非批判原则的痛悟[*]

许沛沛

— 1 —

一次课堂

任老师："哦？那若是将寒假往后顺延一周，也就是说推迟一周开学，你们愿意吗？"

同学相互看看，纷纷点头，表示满意了。但突然一个同学提出："我不愿意！到时候其他高校的同学都开学了，我一个人待在家里，同学都走了，也没有人一起玩，多无聊啊！"

大家都愣住了，看看那位同学，又回头望着任老师。

如上所示，文章里让大家都愣住的、那位有"独特需求"的同学，就是我。当时，因为同学们抱怨学校的国庆、中秋节放假方案不合理，任老师就趁机带领我们模拟组织决策，演练如何以社会工作的专业思维去完成一个平衡学校和学生多方需求的更优的放假方案。经过两轮"磋商"，大家一起出台了既

---

* 任敏承担本文中行动的督导及其内容的修改完善工作。

能满足校方的疫情防控需求，又能照顾大学生连续放假需求的新方案。正当同学们纷纷点头表示满意时，我却脱口而出"我不同意"。

我话音刚落的一瞬间大家就都愣住了，教室瞬间鸦雀无声，而我内心却懊悔不已。万一老师觉得我无理取闹怎么办？又或者认为我在跟她抬杠怎么办？我简直是欲哭无泪，只怪自己嘴太快，恨不得挖个地缝钻进去，再把缝关起来。

我在万念俱灰之际，却看见任老师在微愣之后脸上漾起了笑容，她向我点了点头，想了想，说："推迟一周开学是一个福利，给你多一个选择，你可以选择在家多待一周，你也完全可以提前回校啊。如果觉得待在家里不好玩，那你就邀约好友提前返校一起学习、一起玩耍嘛！实际上每个假期都有不少同学提前返校。你看这样可以吗？"

这次反倒是我愣住了，内心充满着震撼与感动，不仅佩服老师的专业与能力，更惊讶于老师对我的接纳。老师的眼光是善意的而不是批判的，我的需求是被接纳而不是被忽略的，这使我感受到无比的温暖与被尊重。我沉浸在这种美妙的感受之中，竟然有些无法自拔，过了好一会儿才意识到老师一直在等待我的回复，等我急忙点头同意老师的方案之后，同学们这才神情轻松地笑了起来。

显而易见，当我和老师的想法不同时，很多人都可能将其视为学生对老师的反对。但任老师不是，对她来说，只不过是大家的需求不同，我仅是在表达我独特的需求而已，并不是我对她的反对或不尊重。她诚恳地总结说："决策过程中，当别人对你的方案说'不'，这意味着一个机会，它推动我们纳入相关方需求，将方案做得更加令大家满意。"

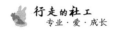

任老师说:"在社会工作者看来,每个人的需求都是重要的,只有尽可能地接纳相关方的需求与建议,才能让我们的决策更完善。所以,我们永远不要对一个人的不同意见'say no'!"

— 2 —
一次吵架

我深受启发,也更加意识到在专业和生活中接纳与非批判原则的重要性。但是,我不由得扪心自问,我是不是也做到了接纳与非批判呢?在回忆的过程中,我突然想起以前和闺蜜的一次吵架,起因是我突然发现从前跟我无话不谈的她渐渐有很多事情不告诉我,并且是只瞒着我,而其他人似乎都知道。我非常难受与不解,于是去当面问她。

她回答说:"为什么?说得好听点就是因为你太有自己的原则了,我缺点太多,达不到你的要求,我有压力!说直接点就是,我知道有些事你绝对不会支持我,你完全就理解不了我啊,所以有些事我不想告诉你,我也不敢告诉你!我为什么告诉别人?因为她们都支持我啊!"

后来我去问了她口中的"别人"——那些一直给予她支持的朋友,我问她们真的一直都觉得她做得很对吗?一位同学说:"可能是有些不太好吧,但是她是我朋友啊,哪怕她做得不对,我也会支持她的。"另一位说:"其实我也觉得有些事情做得不对,但是如果告诉她我的真实想法,她肯定会不开心,我怕会影响我俩之间的友情。"

— 3 —
一次反思

我心中五味杂陈,当一个人的做法不恰当甚至不对时,为什么身边的好朋友不告知她,反而盲目支持呢?为什么我试图纠正朋友的错误却得不到理解呢?我很痛苦却也无可奈何,还发自内心地觉得自己没有做错什么。我感到十分困惑。

经过社会工作的专业学习,我逐渐意识到,自己以往在纠正朋友的不足或错误时,似乎没能够坚持接纳与非批判原则。我的第一句话往往就是:"你不应该这样做!你应该……"这样直接的批评往往使他人感觉被责备。虽然我是出于好意,但我的批判态度让我亲爱的朋友对我筑起了心理防御围墙,严重破坏了我们之间的感情。

通过这次社工课,我有所醒悟:我曾经自诩为朋友值得信赖的人，却没有接纳朋友；如果我不知反思改进，那迟早会失去朋友的。

我感到一阵后怕，一方面，我开始积极地学习接纳与非批判原则的相关知识，想改变自己——做支持性的诤友而非批判性的诤友，这二者之间的区别就在于我对朋友是否持接纳的态度。另一方面，我也暗自希望自己还能有机会重建与好友的关系。

— 4 —
一个机会

机会总是留给有准备的人。近日，闺蜜打电话给我，跟我讲起了内心深处的一个秘密。

高中时期，校规森严，有一对羡煞众人的小情侣，他们从不高调，却突然在某一天被学校找去谈话，最后落得两人分手，原本阳光又优秀的女生因此事深受打击，就真导致了女生因为压力大而精神出现问题的结果，一度令人惋惜不已。闺蜜向我吐露，当年是她出于一己私欲举报了他们。闺蜜认为自己的行为间接影响了女孩的未来，她内心一直觉得难受与内疚，一度严重影响到她的学习与生活。

我很痛惜，我想，如果她当时告诉我，我一定会制止她，我们也一定会找到更好的解决办法。如今闺蜜主动吐露心声，这对于我来说是一个机会。我克制住自己的情绪，认真听她讲，从她的角度去理解她的感受，努力安慰起初情绪激动的她："你先别着急，我知道你现在肯定很难受，你放心，我一直在呢，你慢慢跟我说说，咱们再一起想想解决办法。"

于是，她缓缓跟我道出了原因："我以前喜欢这个男生，但是他说要好好学习，所以不接受我，却转眼就跟别人在一起了。他为什么要这样对我？我当时真的是气不过啊，我就想一定要让他们受点惩罚，然后我就去举报了。"

我对她进行共情："我理解你，如果我是你的话，肯定也会很难受，很生气。"

她接话道："对啊，但我本意也不是想让那个女生退学的，我只是不想看他俩在一起，可是没想到事情会发展成这样，我真的好后悔！这一切都是因为我！我真的好坏啊！呜呜呜呜……"

我安慰道："我知道你很难过、后悔。对于你来说，你向校方提供了一个信息，由此造成了这个后果，而你因此很自责。那你现在想要怎么做呢？"

她停顿了一会儿，说："其实我有点儿想去跟她道歉，但是我太害怕了，我害怕她不会原谅我，也害怕大家知道真相后会用异样的眼光看我，甚至不跟我做朋友。可是我又原谅不了我自己，我脑袋里总是想着这件事，做其他的事情都心不在焉的，我真的太差劲了！"

我想到社会工作里的空椅子技术，灵光一闪："那你要不要尝试把我当成那个女生，现在把你想说的话说出来，也许心里就会好受一点呀！"

她犹豫了会儿，随后郑重地向"那位女孩"道歉，哽咽着吐露出她的心声，祈求着女生的原谅。整个过程，我没有说一句话，但我清晰地听到讲完后，电话那边的她轻舒了一口气，我感受到她已经卸下了一部分担子。

我轻声询问她："你现在有没有舒服一点？"

她回答道："嗯嗯！说出来心里确实舒服多了，而且感觉

说出来其实也没有那么难。我其实还觉得挺对不起你的，你是我的好朋友，当时不跟你说，现在还没皮没脸地来找你帮我。我当时怕你怪我就不敢跟你说，我真的好后悔啊！我当时就应该告诉你的，有你在我肯定不会做这种错事的。"

我真心说道："没事，你现在不是告诉我了吗？你告诉我其实就是对我的信任啊，能帮助到你一点，我开心都来不及呢！而且，我学了社工以后啊，发现以前也是我不好，老是否定你，总是用我的标准来要求你，一直对你'say no'，你肯定会很不舒服，我也想跟你说声对不起。"

她愣了愣，感慨道："我发现你现在变化好大啊，感觉你更能理解我了，跟你说话更加舒服自在、更加开心了。"我意识到，她已经与自己达成一定程度的和解了。

她不知道缘由，但是我很清楚，这是因为我学会了接纳与非批判的原则，我不再对那些与我不同的或看似负面的想法简单粗暴地"say no"了。

— 5 —
一同学习

在学习接纳与非批判原则时，我们被教导要站在服务对象的角度思考问题，尊重服务对象，包容服务对象的感受、优缺点、积极和消极的情绪、建设性和破坏性的态度和行为，要克制自己对服务对象的行为做价值判断的冲动，采取不指责、不否认、不排斥的非批判态度。

但接纳不等于赞同或认同。接纳并不意味着社会工作者完全赞同服务对象的价值判断和价值选择，也不是完全接纳服务对象却将自己原有的价值观念抛弃，而是不采用否定、责备、拒斥的态度，以一种积极的态度去理解并相信服务对象有自我改变的能力和自我实现的潜能。同时，非批判也不是不关心法律和社会道德，社工不做有罪或者无辜的判断，但可以客观地对当事人的行为、态度做出评价。而评价的目的是了解服务对象的问题，促进服务对象对自己的认识。

可如何操作接纳与非批判原则呢？就是任老师的那句话："永远不要急着对一个人'say no'！"可怎么践行"永远不要急着对一个人'say no'"呢？

首先，培养人文精神，坚持人人平等。做到不因服务对象的年龄、性别、种族、生理及心理状况、经济条件、宗教信仰、政治倾向等拒绝为他们提供服务。社会工作者要平等看待服务对象，对服务对象给予尊重，不能轻视或怠慢。

其次，理解世界上没有相同的两片树叶，接受多元化的存在，即人人差异的事实与人人平等的理念。作为社会中独立的个体，都会受到环境的影响，每个人的人生观、价值观、生活态度等都存在差异。在实际工作中，服务对象与社会工作者以及社会工作专业之间的价值观冲突常常存在，且因人的社会性而无法避免，所以必须要学会接纳与非批判原则，减少直接冲突，并善于利用相关方法引导服务对象，这样才能真正为其服务，令其增能。

接纳与非批判说起来简单，但为什么这个原则有时践行起来很难？践行这个原则的难点到底在哪里呢？

第一，自我中心。以自我为中心的人往往从自己的角度出发，而非从客观的、他人的立场和观点去认识人和事。如果别人的观点与自己的不符，那就是别人的错，要求别人按照自己

的想法做事。他们随心所欲，一切决定根据"我"的意愿。所以当他人的价值观念、价值选择与自己产生矛盾时，往往会批判他人，不接纳他人，对他人"say no"。

第二，忽视"人在情境中"。我们坚守着某些原则，但是在实际的操作中往往会忽视情境的重要性，忽略了案主所处微观、宏观环境的特殊性，笼统地用某种原则去衡量服务对象的行为和观念，对他人的价值选择和价值判断做出批判，即"say no"，而这也就导致了接纳与非批判在实践中的困境，进而导致冲突的爆发。

总之，接纳与非批判原则不仅在社会工作实务过程中有举足轻重的地位，在我们的生产生活、人际交往中的重要性也毋庸置疑。对他人"say no"有时候不仅是将别人拒之门外，还有可能在人心之间筑起一道难以逾越的围墙。所以，在与人的交流互动中，不妨多一些接纳和沟通，少一点批判和责怪，别急着"say no"！

社工如何化解医患冲突？

——危机处理的艺术*

赵嘉伟　杨加一

当我们谈起医患关系，第一反应往往不是医护人员与病人携手抗击病情的温馨场面，而是医患冲突。如何将医患关系拉回正轨？如何实现医护人员与患者及其家属的相互理解？这也是社会工作者以及相关专业人员需要考虑的问题。

在"社会工作理论"课堂上，除了生活中的或者模拟的案例，任老师还会跟同学们分享真实服务场景中的案例，以供大家学习。其中，我们印象最深刻的便是一个介入医患冲突的社工实务案例。它展现了有多年医务社工经验的孙老师如何运用社会工作的专业原则和方法，在无形中化解医患冲突的。

— 1 —

2019年秋，某个周一的早上，护士长急匆匆地敲开孙老师办公室的门："孙老师，你快来看看，有一位病人的母亲情绪很激动，说孩子要是不好她不会放过我们的！她的孩子星期

＊　本文中的医患冲突案例由孙瑛老师提供，在此特表示感谢。

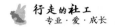

天因为病情恶化被送进了重症监护室，她非常着急，怪我们没有照顾好。还有，本来普通病房的床位应该腾出来给别的患者，她也不肯。她那么凶，把值班的护士吓着了。"护士长所服务的是小儿血液肿瘤和神经内科的病区，患者的病情都比较重，护士人数少，每个人的工作压力都很大。有时候遇到家属向护士发泄情绪的情况，护士们也确实觉得很委屈。孙老师能够想象到现场的混乱。

她首先向护士长确认是否存在医疗过错，得到护士长"没有"的明确答复后，孙老师说："好，我再明确一下，护士长你今天找我来的目的是什么？你有没有和你的上级部门汇报过？如果你不汇报让我冲在前面，我不能代表任何机构和组织，我也是有压力的。"护士长说："已经跟领导汇报过了，请您帮忙安抚下这个家长的情绪，也让她把床位让出来。"孙老师说："好。"

— 2 —

孙老师和护士长一起走向病房，路上护士长向孙老师介绍，孩子的母亲在军队医疗体系里工作，父亲是老师。读初中一年级的孩子在周五的体育课上突然昏倒，经诊断发现他脑内可能存在肿瘤。孩子周日病情恶化转入重症监护室。孙老师理解了这位母亲目前所面临的境况：本来健康的孩子突然昏倒，还被送到了重症监护室；这突如其来的打击导致母亲情绪特别激动，将病情恶化的原因归结为科室护理人员护理不当。

孙老师和护士长进入病房，见一位女士神情激动地与护士在争吵，旁边她的丈夫试图劝阻无果。这位女士个子很高，身体壮硕，看起来很强势，其丈夫则保持着冷静，看起来十分斯文。孙老师随即判断，当务之急不是纠结孰对孰错，而是先安抚这位母亲。于是，孙老师温和地对家长说："孩子妈妈，你好，我是医院的社工，是来帮忙的。我能为你做什么呢？你是因为看不到孩子所以特别着急，对吗？"孩子母亲的回答有点出人意料："不是。只要你们能保证她是好的，一个月两个月，一年两年看不见她，我都是可以的。"孙老师一时有点愣住了，怎么可能看不见孩子还不着急呢？于是，她进一步问："那怎样你才能认为孩子是好的呢？"

孩子妈妈说："你们医生告诉我啊，告诉我她是好的，她怎么治疗会好啊。"孙老师明白过来，医生跟家长谈话一般都简短直接，有时候可能用了比较专业的术语，而妈妈想得到更细致的信息，让她能够理解病情的变化并且看到希望。

确认家长的需求后，孙老师向家长表示由自己代替他们去看望孩子，并保证将孩子的情况如实告知，但是无法解释疾病的治疗方案和预后情况。"重症监护室是外人不能进的，也没有窗户可以看到。如果你担心，我可以帮你去看孩子。我可以是你的眼，我可以是你的手。你希望我带给孩子什么吗？"

听到最后那句话，孩子母亲原本紧绷的情绪一下子缓和下来，流露出对孩子安危的担心。她从包里拿出一个苹果，说："我这里什么她喜欢吃的都没有，只有一个苹果，但她平时最不喜欢吃苹果了。"很短的停顿后，孙老师说："那你先削皮切小块放到保鲜袋里，我带进去看她会不会吃一点？"

有点奇怪呀，为什么会这样呢？一个母亲，自己的孩子在重症监护室，她却没有为孩子准备爱吃的食物，偏偏只有孩子不爱吃的苹果。但是孙老师按捺住自己的好奇心，没有追问，

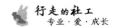
接过切好的苹果，去了重症监护室。

— 3 —

　　重症监护室里的周医生曾是孙老师做学生辅导员时候的学生，但当他意识到孙老师进来是为了看望这位病人时，脸色一下子就不好了："你来干什么？"面对学生的质疑和抵触，孙老师大概猜到了原因，因为这个孩子的妈妈也是医务工作者，可能给医院同行打过招呼，管床医生因此已经面临很大的压力。

周医生应该也误以为孙老师是来打招呼的。

可是孙老师一点也不生气，她平静地解释道："你放心，我不是受人之托来找你的。只是孩子妈妈有一些情绪问题，我受护士长的委托来看看孩子，给孩子吃点东西补充下营养。"听到这里，周医生的脸色缓和了一些，他说："叫她妈妈别拿吃的来，这里有，你看昨天晚上拿来的水果马上就都要扔了。"

孙老师明白，为了孩子的健康考虑，食物在重症监护室过了规定时间就不能给病人吃了。她点点头，进去看孩子，问她："你感觉怎样？你妈妈担心你，我代她来看你。你妈妈给你削了苹果，你想吃一点吗？如果你还有特别想吃的，也告诉我，让妈妈下次给你带来。"孩子点点头，孙老师就一片一片地喂给孩子吃，最后她几乎把整个苹果都吃完了。

— 4 —

走出重症监护室，孙老师将孩子吃剩的苹果递给妈妈，并把看到的孩子的情况耐心告诉了她："孩子很乖，还吃了这么多苹果呢。"这位母亲突然"哇"地哭了出来："我的孩子平时最不爱吃苹果，今天把苹果都吃了，她是不是很饿？"

"放心吧，我们的医生和护士都会照顾好孩子的，会按时协助她吃饭，只要是不影响孩子治疗的需求我们都会尽量满足的。"孙老师没有告诉孩子妈妈昨天送进重症监护室的东西都要扔掉了，只是叮嘱她带容易消化的食物，少带。尽管依然担心孩子的情况，但家长的情绪已经渐渐平和，并向孙老师和医护人员诚挚地表达了歉意和感谢。

孙老师再次强调："你放心吧，我们的医生和护士都会好

好照顾孩子的，这是我们的本职工作。"孙老师接着又说："您看孩子走得急，东西也没收拾，您现在是不是收拾一下？根据院里的规定，这个床位也要腾一下。孩子情况好转了，我们会给她重新安排的。"孩子的母亲说："好的，我现在就把床位收拾一下腾出来。"

就这样，在孙老师的积极协调下，一场一触即发的医患冲突被成功地化解了。

下午，孩子妈妈带了点粥和其他水果到医院直接找孙老师，请她帮忙带给孩子吃。孙老师第二次进重症监护室，周医生帮忙挑选了食物，告诉孙老师他会给孩子吃时，孙老师温和地提醒说："这个妈妈自己也是医务工作者，跟她沟通的时候可能需要更耐心些……"

— 5 —

相较于平时的理论学习，这是一个实际发生的、非片段的社工实务案例，完整地展现了一个医务社工处理医患冲突的真实情景。我们不难发现，孙老师做实务工作时所采用的诸多干预原则均蕴含着社会工作独特的思维和方法。在这里，我们试图总结一下。

第一，明确社工的服务边界。医务社工是医患的居中沟通者和协调者，为了更好地服务于患者的健康以及医院医疗工作的有序进行，须行动有据，介入有边界。社工的行动兼具价值理性和工具理性。从本案例来看，在接案前，孙老师首先询问护士长是否在医疗方面存在过错，这体现了医疗社工对于自身职能定位及介入边界的清晰认识，即社工的职能在于：处理患者方与医院方的情绪以及协助二者之间进行良好沟通，而非卷入医学技术层面的纠纷。由于专业知识的缺乏，技术性问题往往使社工难以判断现场真实的情况并据此做出公正、有效的干预。因此，一旦存在医疗过错，就表明该纠纷已超出社工的职能范畴，需要医院层面的赔偿和处理，社工不宜在情况尚未明确的情况下贸然介入。

第二，坚持"人在情境中"的行动原则。人在情境中，这个"情境"究竟是什么？如何分析情境？我们认为，情境要素有多个分析层次，可以简要分为在场的情境和不在场的情境。

在场的情境是与当时状况直接相关的那些信息、氛围等，具有易变性。如本案例中，通过观察和分析孩子当时的情况、母亲和父亲的形象与神情，以及二者之间的结构性特征，当时孙老师就判断工作的重点是安抚母亲。不在场的情境是指那些外围的但同样对当时情形产生影响的因素，通常是母亲、父亲的职业，以及更重要的组织结构因素，如医务社工行动之前要获得组织许可。当然，更宽泛地说，不在场的情境因素还包括嵌入整个事件中的更宏大的制度因素和文化因素。比如这个事件中，母亲情绪激动之下说的"我不会放过你们的"何以引发护士的不安和紧张？就是因为当下一些医患冲突导致的严重后果，医护人员由此产生恐惧心理。社会氛围作为不在场的文化因素影响着在场的事件，导致护士长把这个事件定义为潜在的剧烈的医患冲突，因此寻求社工的帮助。

基于情境性考虑，我们看到孙老师在介入干预之前，先向护士长确认本次干预是否经组织知晓、领导同意。社会工作服务始终是在具体的情境中开展工作的，在我国的科层体制下，

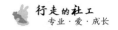

获得组织支持是对社工的保护和资源授权。尤其是在应对高风险事件或者进行危机干预时，纵使形势紧急，社工接案也需要获得组织的批准和授权。不过危机情况下这个过程所耗费的时间会缩短，因为组织也往往会因形势所迫而加快决策过程。

第三，进行危机干预中的"聚焦"与"悬置"。"聚焦"是指当社工在现场面临很多信息和疑问时，始终聚焦于危机干预以及案主利益中心原则，而不是无限追问，浪费时间且纳入新的芜杂信息。"悬置"是指我们虽是专业服务者但也无法割裂自己作为一个人的情绪反应。比如我们遇到冲击会惊慌，遇到攻击会下意识地想防御并回击，脑子里有了目标就想尽快完成，等等，但是我们要始终以案主利益为中心，保持情境敏感，找到最好的契机去行动，以达到好的效果。"悬置"还包括应对危机时不纠结谁对谁错，而是通过全情的接纳，迅速聚焦案主的需求。

在这个案例中，孙老师作为一个有十几年工作经验的资深医务社工，遇到孩子妈妈的回应依然会感到出乎意料。比如刚开始妈妈说"见不到孩子我不担心的，只要你们告诉我她是好的"，又如明明知道孩子不喜欢吃苹果却只带了苹果。在这些"意外"中，孙老师会追问第一个问题，但是不会追问第二个问题。显然，孩子妈妈为什么只带了苹果这个问题并不重要，在此次危机中应该聚焦于孩子妈妈的情绪与需求，因此孙老师选择追问孩子妈妈"怎样你才认为孩子是好的呢"，她回答"你们医生告诉我啊，告诉我她是好的"。孙老师知道，那其实医生肯定也说过了……如此，孙老师明白过来，她可以做医生和孩子母亲之间沟通的桥梁，也需要提醒管床医生耐心沟通。因为家长本身是医务工作者，所以不能仅简单地"通知"

她孩子的情况，更要讲具体的情况和治疗方案，这就能帮助这位母亲信任医院，保持情绪稳定。

同样的，孙老师在第一次进入重症监护室时周医生的态度是排斥的，此时孙老师并没有向医生提出这个要求，而是在她第二次进入重症监护室，周医生相信了孙老师真是来帮忙的，态度缓和并接纳孙老师时，孙老师才提醒他说"这个孩子的妈妈之前情绪很激动，主要是因为她没有足够的信息，她需要医生在跟她讲病情的时候……"

此外，孙老师在返回病房告诉孩子妈妈孩子吃了几乎整个苹果、提醒她医院重症监护室里的食物管理规定时，并没有告诉她前一天她送进去的食物全都要扔掉了。这也是社工作为沟通桥梁开展工作时的"悬置"技术，我们并不必要将医生的抱怨告知患者母亲，坦诚沟通并不代表着暴露所有信息。"悬置"技术本质上是对沟通信息的一种管理技术。

第四，与环境建立关系是社工服务案主的重要前提。案例中，在满足患者家属方需求的同时，孙老师始终坚持征询医生的建议和许可，以避免因为违反医院规则为医生带来不必要的麻烦和压力。并且，在面对曾经的学生的质疑和抵触时，孙老师并未因此对于该医生产生不满的个人情绪，而是选择第一时间对其压力表示理解和共情，她非常清楚自己的定位是"受护士长的委托来帮忙的"，表明这是职责行为，自己是合作者、协助者。

这启示我们，社工进驻某个组织或开展服务时，需要正确看待自己与其他成员之间的工作伙伴关系，一定要注意我们是在情境中，是在特定氛围和组织结构中，乃至是在特定社会文化和制度结构中工作的，因此我们要不断向工作环境输出我们

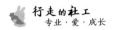

的善意、表明提供协助的立场，不断给予服务工作中所涉及的伙伴成员以安全和信任的感觉；不应该将服务目标作为绝对中心，也不应该在设想与环境冲突时，就责怪环境不支持、不人文，从而给自己的工作带来更多阻碍。

换句话说，我们要时刻警惕"社工中心"的错误思维，也要警惕仅仅以或时刻以"案主为中心"，要明白我们是在环境中工作，与环境建立良好的关系，获得环境支持，通过间接路线实现目的，也是我们的重要工作内容。

总之，以医务社工为例，我们社会工作者的服务是在具体情境中工作的，须有多重情境的敏感性，行动决策须考虑到包括在场的氛围和不在场的组织结构、社会文化和制度体系等要素。它兼顾直接服务案主和通过与环境建立关系然后间接地服务案主两种路径。社会工作服务是价值理性与工具理性相结合的行动艺术。

社工"肯定"的到底是什么？

——情先于理的沟通

袁劲草

我们对别人说的话表示赞同时就会肯定他。"肯定"是一个回应，一种态度，一份支持。而对于社工来说，"肯定"作为沟通中的正向回馈，更是一门技术。

说它是一门技术是因为"肯定"是同理的前提。"对"、"你说的很对"及"我特别理解你说的这一点"，这些话语通常会作为社工对案主进行肯定与同理时的固定回复，鼓励他们继续表达并放下戒心，不断用语言与眼神等信号来暗示他们，社工是值得相信的人。

读到这里，你或许会有疑惑，为了表示同理，那案主说什么我们都要肯定他吗？他说的不对怎么办？他说的话如果我们不赞同，又怎么肯定呢？

很多时候我们会遇到价值观偏离主流或说话有攻击性的案主，遇到高呼"女人就应该操持家务，相夫教子，这是女人的本分"的丈夫，遇到哭诉"我知道他有女朋友，可我还是喜欢他，想和他在一起"的女孩，这时，你是不是要问自己："这怎么肯定？"

为了更好地理解"肯定"、运用"肯定"的技术，我们需

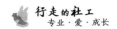

要明确,我们肯定的到底是什么。是案主的观点吗?不尽然,因为观点带有强烈的主观性,不是所有的观点都存有一套对应标准,各执己见、难以统一的情况有很多。那应该肯定什么呢?其实我们肯定的核心和重点是案主背后的情绪、需要和心情。尽管我们可能不赞成案主的观点,但是案主在说这句话以及在表达观点时,其背后的心情、未满足的需要以及强烈的情绪是可以捕捉的,并且是值得被接纳的。

"肯定"的具体操作如下。

首先,对于言语轻蔑、对我们能力极不信任的案主,我们需要给予肯定,以回应来自案主的挑战。"你小小年纪,知道个什么?你怎么解决我的问题?"在这个情境中,我们要肯定的不是案主怀疑我们能力的观点,而是肯定他对我们是否能解决他复杂问题的担忧情绪。于是,我们可以回应:"对,我很理解您,您可能遇到了非常复杂的问题,所以您担心我可能没办法解决,对吗?"这样的回复比空谈自己的专业性或者让案主不妨一试的解决办法更有代入感,因为在回答中我们已经先人一步迈入情境了。

同样,面对高呼"女人就应该操持家务,相夫教子,这是女人的本分"的丈夫,我们也要按捺住怒火,去感受他背后的需要,去肯定他对一个温暖的、井井有条的、能提供支持的家的需要。对此,我们可以微笑地回复:"对,我能从您的话里感受到您很渴望得到太太的关怀,希望有一个舒适的生活环境,对吗?"

面对"我知道他有女朋友,可我还是喜欢他,想和他在一起"的女孩,我们也要先抛除"你这样做不对"的话外音,去肯定她心悦君兮但求而不得的失落与气恼,然后以"肯定"

的技术去建立信任的关系，再慢慢引导她做出理智且无害的决定。于是，我们可以关心地问："是的，爱而不得，在理智和感性中挣扎，心里感到又委屈又内疚，这种感觉一定不好受吧，其实你也很辛苦，对吗？"

还有一种情况，当案主观点正确时，我们应该如何"肯定"呢？还是只肯定情绪和感受吗？

我认为，在甄别案主的观点正确、无害后，就可以通过先肯定案主的观点，进而更好地过渡到肯定案主的情绪、感受和需要上来，最终的落脚点还是肯定情绪、感受和需要。如遇到绝望的孩子诉说："我不想爸妈拿我和同学比较，我感觉很受伤，但他们从来看不到我的感受。难道我生下来就该是父母的附属品吗？"

我们需要即刻介入，运用肯定的技术先肯定其观点，可以这样说："你的想法是对的，我们首先是自己，其次才是父母的孩子，父母也一样，首先是他们自己，其次才是我们的父母。我们生而独特，不是任何人的附属品。"

然后紧接着过渡到肯定情绪上来，可以说："我特别能明白那种感受，拿自己和人家比较，自己的理智和情感都很受挫，明明我们已经很努力了，却只被看到不足。这种感觉太不好受了，你心里原来藏了这么多难受的情绪，很辛苦吧？"

综合以上两点，可以总结出社工"肯定"技术的操作关键：观点正确，我们要肯定观点以更好地过渡到肯定感受、需要与情绪；观点不正确，我们要抛开观点，去体会背后的感受、需要与情绪。

第一，我同意你的观点，我要让你知道，即使你犹豫与疑惑，我也会坚定地告诉你，你的观点是对的，你的需求与情绪都被我看到。

第二，或许我不同意你的观点，但我能理解你说这话背后的心情，肯定你迫切的未被满足的需要。

总结来说，社工"肯定"中重要的是案主即时的感受、需要和情绪，而非直接表露出来的观点。肯定的态度实质上是社工对案主的接纳，而接纳是建立关系的开始，建立关系是改变得以发生的契机，这一切都是促成案主改变的起点。

我们日常言说的秘密

——社工式说话训练*

陈美言

　　总有人说，"沟通是一门艺术"，在我们的日常生活中，能够有效、友爱地与人沟通确实对我们帮助很大。而作为一名社会工作专业的学生，如何沟通更是一项必备技能。从课堂上的一次讨论，再到与暴怒的闺蜜、与难过的母亲的多次沟通，我想和大家分享下我的沟通能力进阶之路。

— 1 —

初阶："会说话" VS. "不会说话"？

　　在一次专业课中，任老师提出课后讨论话题：什么是"会说话"？什么是"不会说话"？

　　同学们顿时笑成一团，我心想，我立刻就能举出成百上千个"不会说话"的实例。从与父母交流到同辈聊天，从在公共场所发言到私密空间交谈，"不会说话"的例子简直不胜枚举。与父母的交流总伴随着父母的威权和对话语权的控制；有

---

　　* 任敏承担本文中行动的督导及其内容的修改完善工作。

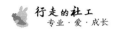

时很自我、不考虑别人心情的同伴也很让人讨厌；在公共场合开一些不合时宜的玩笑的人也让人觉得他不会说话……

果然，在发言环节大家都有很多故事想要分享。在分享时，我们发现那些看起来"会说话"的人普遍有一种特点，就是善于表达同理，很尊重对方，也很能 get 到彼此想要表达的内容，而他们表达的信息能被倾听、传递的情绪也能被理解。更有一些公认的"会说话"的高阶选手，如一些主持人，他们还拥有高情商表达、平衡多方需求等宝贵技能。而不会说话的人，往往让人感到缺少同理心，他们经常以自我为中心，或者经常用反问句式来表达质疑或否定，让与之沟通的人感受到攻击性。

经过老师的梳理和一些建议，我一下子受到了鼓舞，内心暗想"这下我可以成为一个会说话的人啦"。但一次实践让我意识到事情远没有我所想的那么简单。

— 2 —
中阶：一次失败的沟通及其反思

课后没过多久我就找到了一次绝妙的锻炼机会。

当时正值开学，闺蜜的学生工作很多，再加上来自各方的压力与批评，她的脾气变得非常暴躁。有一天，闺蜜终于忍不住了，与我吐槽最近遭遇的种种："你说他怎么能这样？""天啊！怎么会有这样的人，这样的事，我要被气死了！"

我不禁暗喜，我练习社工式说话的机会来啦！内心迅速回忆了一遍要点：共情、优势视角……于是我立刻对她说："对啊，怎么会有这样的事发生？不过你换种角度想，你看你虽然最近事情这么多，又面临了这么大的压力，但还是把工作都处理得很好，说明你很棒呀……"我的音量在闺蜜既怀疑又觉得诡异的眼神中逐渐减弱。

闺蜜的脸上则是猝不及防的神色："你怎么了，你为什么这么说话？你好奇怪啊。"

我沉默了，心想："这是怎么回事？事情好像有点不对了……"

晚上，我情绪沮丧地找任老师督导。她给了我三个关键词：去"我"中心，先情后理，把握节奏。

在和闺蜜的交流中，我认为闺蜜在外面受了委屈，很需要鼓励和支持，于是我努力想运用优势视角去鼓励她。但其实，

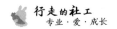

我的闺蜜是一个很要强且很有主见的女生，遇到挫折她可能会感到不满、愤怒，而这个时候她最需要的是宣泄情绪，而不是从我这里获得支持。所以，我的鼓励就好像对工具理性倾向的人谈感情、对看重感情的人谈有用性一样，需求与回应不对接。在整个过程中我实际上是从我出发，是"我"中心，而不是"她"中心的，没有先从她的性格出发去探知、感受她的内心需求。

同时，我太过急切以至于打断了闺蜜的情绪表达，她可能还有一些情绪没有表露出来，就被我的"同情"打乱了节奏，紧接着我一连串的鼓励又让她无话可接，只能就此结束对话。这样的操作不符合先情后理的原则，即先回应情绪，待对方情绪得到足够表达后再逐渐过渡到事理。

如果我能够先让她将自己的情绪表达完整，并慢慢地接纳、引导她的情绪，通过不断探知她内心的想法来一步步推进对话，可能这次沟通就不会那么尴尬了。比如：

闺蜜："啊！怎么会有这样的事情！我今天……"

我："啊？还有这样的事情！"（首先要做到共情）

闺蜜："对啊，你知道吗？……"

我："这样子啊，那你觉得这是什么原因呢？是因为……吗？"（逐渐过渡到辩理）

在我们面对沟通对象时，首先要判断 TA 的类型（理性还是感性），并了解 TA 的需求，再根据这些信息来调整我们的沟通节奏和方式。

— 3 —

进阶：没有总是会/不会说话的人，我们永远在路上

经过对上次与闺蜜的尴尬对话的反思后，我觉得我对沟通又有了更进一步的认识，并在一次与闺蜜关于未来规划的探讨中取得了巨大成果。通过反复地问"你是这么想的吗""那你觉得不这样可以吗""那你是希望这样还是那样呢"，逐步接近她的真实想法。

在不断练习中，我好像找到了"会说话"的感觉，但随后发生的一件事又打破了我的认知。

前几天，我妈妈在微信上问我什么时候有空，有些事情想和我说。在等待一天后，我怀着忐忑不安的心情打通了妈妈的电话，没想到她在那头哽咽着告诉我，我的姥爷去世了。

我一瞬间失去所有的语言能力，大脑一片空白。其实我与姥爷的感情并不深，当我听到这个消息时，我的第一反应是"天啊，我妈妈该有多伤心"。我的大脑飞速转动，想要鼓励、支持我的妈妈，让她不要太伤心，但最终我什么都没有说出来。这次通话在我的唉声叹气中结束了。我的内心满是对妈妈的心疼，更有不能给妈妈抚慰的深深的无力感。

我当时迫切地想向老师寻求帮助，但犹豫后我还是想自己先试试。那是我的妈妈，她陪伴着我长大，我无比清楚她是什么样的人，也无比清楚自己有多么爱她。

我又一次鼓足了勇气发起对话。妈妈是一个羞于直接表达自己情绪的人，所以为了不让她感到突兀和尴尬，我先和她聊了一些我最近做的事情，又问她最近在做什么。

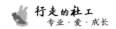

我:"我记得之前你跟我说好累,最近有感觉好一点吗?还困吗?……休息过来之后有继续锻炼吗?锻炼过后感觉怎么样呀?……最近睡眠怎么样呢?"

她:"睡眠一般吧,我总容易醒……"妈妈分享了一些最近的感受。

我:"那你觉得这是为什么呢?"

她:"没事,可能就是最近太累了。"

我:"妈,你还记得我中考的时候吗?那个时候你生病了,但是又不告诉我。我看到你难受就更难过,只能自己偷偷在被窝里哭。现在我离你这么远,我会更担心你,说不定我还会在被窝里偷偷哭哦。"

视频中我观察到她的神态认真了一点,于是我静静地等待。过了一会儿,她和我说最近她还是会常常想起我的姥爷。慢慢地,在沟通的过程中,她开始谈起之前从未提起的遗憾和难过。同时,我也发现其实妈妈比我想象的更加坚强,自己有很强的调节能力。尽管我还有想要安慰她的冲动,但我知道妈妈才是这段对话的主体,于是我选择聆听,让妈妈在叙述中诉说思念、调节自己。

在爱的语言中,倾听和表达同样重要。沟通的艺术和技巧"一言难尽",我还有很多不足和很大的进步空间,但就像任老师说的:"没有总是'会说话'的人,也没有总是'不会说话'的人。学习并实践,我们永远在路上。"

— 4 —
认识说话：阶段性总结

回顾三个阶段，社会工作的价值观和方法对日常说话可能有何启发呢？现将我的心得与大家分享。

所谓"会说话"有三个特征。

第一，"他"人中心。即时刻聚焦对方的需求以及他的性格特质，辨明案主需要的是情绪发泄、情感支持还是解决方案，再依情境行动，切忌"以己之心度人之腹"。

第二，在沟通过程中适度"悬置"自己。每个人都是自己生活的专家，要相信案主能找到合适的解决方案。所以在沟通过程中，我们要适度克制自己发表见解、提供建议的欲望，做聆听者和旁观者，给案主足够的空间去澄清情绪、自我反思，并在此基础上成长。

第三，接纳并支持。很多时候，社会工作者的支持并非通过"指导"或"提出建议"实现的，对于"问题"情境中的案主，接纳、同理和陪伴往往能在建立关系的初期发挥更好的作用。

在技术化的操作层面有以下沟通小技巧。

第一，如何变指导为建议？试着放慢语气，多询问对方的想法，即在对话中多用问句，用"那怎么办呢"和"你打算怎么做呢"替代"我觉得你应该这样做"和"如果我是你我就会这样做"。即使是提建议，最后也应该加一句"你觉得可行吗"。

第二，如何判断自己的说法是否满足了对方的需求？观察

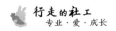

与你对话的人的反应，包括语调、语速、动作、表情等。或者用最简单的方式，在表达共情之后直接询问，如"我能为你做什么""你觉得……怎样呢"等。

第三，以对方为中心，并不意味着要迎合对方，对话双方的情绪和诉求同样重要。当求助者的反应刺激到我们时，我们也可以明确地表达，但须注意语气和方式，如"刚才我说话不对，让你感觉不好，对不起，但是你刚刚那样说，让我也有些受伤/难过。当然，我也更加理解我之前带给你的感受了"。

总之，做个像真正的社工那样会说话的人，我们现在一起出发吧。

第二部分
自助助人

PART 2

自我成长

30天练习爱自己[*]

黄友佳

— 1 —

30天的挑战计划

2020年9月29日下午3：50，H大学西十二教学楼的某个教室里，发生了一件宛如"蝴蝶效应"中那只震动的翅膀一般微小的事情。

在讲解到自我心理学这一章节时，为了让我们体会到什么是"自我心理能量"以及它可以如何改变我们、支持我们，任老师给社工班的全体同学布置了一份"家庭作业"——完成一次"开心指数提升挑战"。

首先，你需要给你现阶段的开心程度打一个分数。你既可以基于感觉为自己评分，也可以使用一份专业量表，这样会使结果更科学、更有说服力。

接下来，在从当天开始的一个月时间里，你需要每天在纸上、备忘录里或朋友圈里（形式可随意）记录以下内容：①这一天令

---

[*] 任敏承担本文中行动的督导及其内容的修改完善工作。

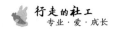
你开心的事情；②这一天里你的成长；③这一天里你的贡献（或是这一天里你需要改进的地方）。

随后，你需要将这份记录分享给他人，可全部分享，也可部分分享（在我们班的挑战项目中，最小的分享范围是社工班的同学们和任老师）。

最后，当这一个月的记录与分享完成后，你需要再为你结束时的开心程度打上一个分数（如果你在开始的测评中使用了某份量表，那么在最后的测评中再使用一次这份量表）。

— 2 —

30 天的挑战与寻宝

布置完这份作业后，任老师的笑容在我眼里与《放牛班的春天》《死亡诗社》等许多电影中老师的形象微妙地重合在一起，让我读出一种"年轻人，做了以后你才会知道这件事的真正含义"的深长意味……所以，任老师布置这份作业的含义究竟是什么呢？

历时一个月的探索，我得到的答案是：爱自己、爱他人、被人爱，这三者汇合，就是自我心理能量的源泉。

原本平平无奇的日常，却被无数星辰般的小确幸慢慢点亮：幸福是正在为之努力的任务有了一点进展，是和某个重要的人度过了一段温暖的时光……我的生活，好像比我以为的蕴藏着更多的快乐。而在寻找快乐的过程中，我好像能够以更加温暖的眼神注视着我生活中的人和事物。

细数自己的贡献能令我察觉到我在爱着他人——借给别人充电宝、作为学习委员细心地收齐作业、给扭伤脚的室友带饭……在记录的第三范畴里，我感知到自己被需要、被肯定，虽然做的都是些微小的事情，但朋友们的一声声"谢谢""你真好"让我感到由衷的喜悦。

当我们用爱与他人相处时，我们会收到反馈，如果双方都感觉很好，那么彼此就进入到关系中美妙的部分。记录并回顾自己的"每日开心时刻"与"每日成长"，总让我在感到温暖之余获得更多行动的力量，这种反刍和表达就是我为自己打造美好关系的秘密法则。当我发现我能够创造美好，能让别人感到幸福的时候，我便感觉我拥有了能量，这是爱他人赠予我的能量。

更神奇的事情是在朋友圈里分享我的记录。当我在朋友圈发布记录时，我内心暗暗期待着大家带着爱的回应。写下这句话时虽感羞涩，却真是我的心声。

虽然选择了以所有人可见的方式分享我每天的记录，但当我把第一天的记录发出去的时候，我又感到了害怕："好想删除啊。如果没有人给我点赞那多尴尬，如果大家看了以后觉得我很矫情或思想浅薄怎么办呢？"

可是等待我的却不是"见光死"，而是"我也想成为你每天开心事中提及的人呢""我会一直追更的哦""今天怎么还没发"。这些让我露出笑容的爱的语言使我明白，原来我正在被人爱着、正在被期待着，更有人正在期待着与我一起创造快乐的时刻。

依恋关系理论告诉我们，是否感觉到被爱、与重要他人是否建立起亲密关系，是影响我们心理发展、社交能力和人格形成的重要因素。人类作为社会性动物的特征，决定了每个个体都难以脱离他人对我们的影响。我们总是生活在关系中，所谓人间即在人之间。在我的挑战历程中，我所收获的来自大家的爱让我感觉到了自己的存在，而且自己被爱着，即使有缺点也在被爱着的事实，带给了我无穷的精神力量。

但是，多数人似乎都还未学会如何爱他人、如何感受爱。这就导致我们明明出于对爱的渴望才会建立关系，却往往不能在关系里更好地互相支持，而是带来更多意料之外的伤害。

之所以会这样，是因为在爱人之前，我们还没有学会如何爱自己。

任老师曾提醒我们，因为社工专业的学生是被训练如何专业地服务于人的，所以我们会学习很多如何建立关系的理论。但一个悖论是，一方面，我们在练习建立关系的能力；另一方面，这样的训练也使我们过度关注关系，乃至沉溺于关系。如果遇到不好的关系，我们就会下意识地铆着劲儿去修复，一次不行就两次……如此导致我们的心力、精力固着在关系上。许多人为了获得某些质量较差关系中的一点点爱，付出了全部的自己——我们认为失去那一点，自己就一无所有了。但是，关系并不是我们生活的全部，我们还有自我成长的任务。我们不仅要追求好的关系，也要追求自身的成就感，获得自身的成就感并不一定依赖关系的建立。

我的挑战历程让我真正明白了自我成长的含义。每当写下自己的成长时，我就好像回到了从前蹲在纸箱旁，一边观察箱子里的蚕宝宝一边写"蚕宝宝成长记录"的时候，一点一滴的成长让我感到有劲头，让我感到快乐。感受到自己成长的过程，让我深刻地认识自己，了解我现在在做些什么、应该做些什么。这是我最关心自己的一个时刻。

当我发现我正在进步，正在由一个很好的我变成一个更好的我的时候，这也是我最爱自己的时刻。

我记得任老师曾笑着却格外认真地看着我们说："知道吗，人自己是有力量的，而且这个力量可以无穷增长。为什么一些人会因为觉得自己孤立无援就陷入心理状况极差的困境？这是因为我们误解了，以为我们没有外界支持就没有了力量。事实并非如此。我们的力量既来自外界的支持，也来自我们内心深处。得不到外界的支持，其实也没什么大不了，因为你还有你自己，你永远有你自己，所以你一定要支持自己！"

"自恋"在许多语境中，是作为贬义词来使用的。在我看来这是一件有些遗憾的事情，因为我认为，成熟的自恋是自我心理力量最稳定的源泉。在我们所处的环境中，自己给自己的支持，其实是最坚实、最难被剥夺的部分，因为我与生命历程中的某个特定他人的关系无可避免会受到时间、空间等各种因素的影响，而从出生到死亡，会一直陪伴在我身边的人，正是我自己。在思想上被"去关系化"之后，我逐渐相信，爱是生命中像水和食物一样不可或缺的东西，而爱的内核是自己爱自己，即使是别人爱我们，那也要转化为我们深层的自爱才能真正给予我们力量。

当我在记录、分享自己每天的开心、成长与贡献时，一切的信息都让我意识到此刻的自己是如此珍贵而美好。自爱赋予我被爱的底气和爱人的勇气，被爱和爱人更让我体会到自己的力量，让我更加欣赏拥有力量的自己。在这样的良性循环之中，如果我们再被他人否定，则不会一股脑地接受而觉得自己是个差劲的人，而是能够平和地应对这个否定：如果偏颇就一笑而过，如果公正就将它视作一个发现自己的不足并借此成长的契机。这样，当我们遇到关系中的危机时，再不会茫然不知

所措，而是漂亮地应对危机：可以继续，也可以结束。我们不再因为得不到别人的肯定而"枯死"，我们爱是因为心中充盈着爱，而非渴望用全部的付出换得一点回报。

这样的我们，因为拥有自我心理能量，生命历程中的风风雨雨都不再是一道道坎，而是一座座山峦，我们游历于其中，起伏变幻，不再是难关，都是风景。

— 3 —

我的收获与总结

这些正是我历时 30 天的 Happiness Program 后获得的最大的收获，我每日用五分钟反刍，认识到自己在收获并成长，认识到我有爱人的能力，我也被他人爱着，这些都成为我生活里的蜜糖，也为我持续成长提供源源不断的动力。看，我被爱着，而且我每天都在成长，世界多么美好，我有什么理由不去让自己变得更好？我喜欢我自己！我热爱这生活！

到了后期，我也看到别的同学在"计划"里写："原来自己每天都在收获""竟然部分地喜欢自己了""更喜欢自己了"；还有同学说"打算坚持这样记录一辈子了"……原来，这个计划里不只是我一个人在成长——这个计划在形塑我们看生活的眼睛，影响着我们每个人——爱，真的在起作用！

朋友，如果你也像我一样，正经历沮丧，觉得自己无所成，害怕表达，怀疑不被爱，不如也来试一下，我们社工课堂中的 Happiness Program。30 天，你会欣喜地看见自己的变化，并发现这世界的可爱！

我如何与恐虫心理和解*

陈沛依

有些人会对某些特定的生物，诸如猫、狗、昆虫（爬虫或飞虫）、蛇等存在着或多或少的恐惧心理，当这些生物出现在面前，当事人往往只能极度焦虑地回避或咬牙忍受恐惧。

我也一样，因为小时候一次意外被小飞虫袭击面部的经历，十多年来，我始终不敢正视飞虫，一见小飞虫就会尖叫、闭眼、跳脚。旁人会觉得实在是莫名其妙，而我自己也常觉得尴尬却无法自抑。机缘巧合，在"社会工作理论"课上，我们接触到了认知行为疗法。在课程启发及后续的自我训练下，我终于渐渐克服了恐虫心理。

— 1 —

那样的感觉是我一直以来的梦魇

小学二年级时，在一个夏日的午后，我与伙伴们一起在老家的半山坡上玩耍。小山不高，但是对于孩童而言，上上下下地奔跑也足以让我们精疲力竭。在我气喘吁吁地张开嘴，准备

---

* 任敏承担本文中行动的督导及其内容的修改完善工作。

呼吸山间清凉的空气时，一只闪闪发光的大金龟子扑棱着翅膀，直愣愣地冲进了我正大张着的嘴巴里。一时间，我慌乱极了，竟闭上了嘴巴。误打误撞进入人嘴的"小可怜"显然也慌了神，在我嘴里一阵乱窜，扇动着翅膀，拼命挥舞着附肢，想要逃出"黑洞"。终于，慌乱中我拼命将它吐了出来。金龟子在地上翻了个个儿，抖抖翅膀，飞走了。而我呆愣着站在原地——刚才的感觉在我脑海里一遍遍回放着。我感到无比恶心，直想吐，腿脚发软。周围仍然飞舞着蜜蜂、蝴蝶等飞虫，可那时的我却再也不敢多看它们一眼了。含着眼泪、咬紧牙关、不顾伙伴的问询，我冲回家中。

在此之后的十多年里，我对飞虫始终抱有恐惧心理。一两只蝇类的小飞虫还好，一旦碰见苍蝇、蜜蜂等嗡嗡飞过的大个头选手，我定会被吓得头皮发麻，喉咙发紧——小时候那只金龟子翅膀的震动与附肢划过我口腔内壁的诡异触感瞬间闪回。因羞于开口，我从未将此事告诉别人。这份恐惧与恶心便就此积压在心中，一次又一次地折磨着我。

— 2 —

我惧怕虫子，我该怎么办？ ——系统脱敏法

在不久前的一次"社会工作理论"课上，任老师向我们讲解了系统脱敏法的相关知识："系统脱敏法强调循序渐进，分级给予情境刺激，逐步缓解案主对某事的过度敏感、过度反应。例如，在面对一个惧怕虫子、见到虫子就反应过激的孩子时，社工往往会先通过观察虫子和他之间距离的远近与他反应的激烈程度的高低而确定焦虑级别，采用给予刺激和促其放松

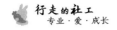

的步骤，且两者交替进行。"

为了演示脱敏治疗的过程，任老师随手拿起一个杯子，让我们想象里面有一只虫子。然后她向我们靠近，演示距离由远及近的过程，并示意让我们也去体会放松，感受技术的操作。

当她拿着杯子向我越靠越近时，"啊！"我不由得叫出声来，一想到杯子里装着"虫子"，熟悉的恐惧与恶心又在我脑海中蔓延开来。这突然的叫声把大家都吓了一跳。

任老师问："沛依是很害怕虫子吗？"

我点点头："一想到杯子里有虫子，我就很害怕，而且觉得恶心。"

任老师说："好，你现在深呼吸，放松身体。"

我深呼吸后，放松了些。

看我平静些了，任老师问："你为什么会这么怕虫子呢？"

我将小时候那段难忘的经历一五一十地道出，这是我第一次向他人讲述这段经历。倾诉过后，我内心放松了许多，可是刚刚那种恐惧与恶心的感觉依然萦绕在脑海中，我感到有些无所适从。

"班里有哪些同学不怕虫子？可以说说自己为什么不害怕虫子吗？"任老师一边问，一边环顾四周。

"我就一点都不害怕虫子啊！虫子那么小，还没我手指头大呢，它伤害不了我，为什么会害怕它呢？"一个声音从教室的另一边传来。

任老师点点头："对啊，沛依，你想，虫子那么小，你比起虫子强那么多，虫子见了你才是真的害怕呢。在那次经历中，虫子无非是在你嘴里待了一会儿，你最终还是把它吐出来了呀。它不会咬你，也不会伤害你的。何况虫子飞进嘴里只是一次巧合，不是那么容易发生的，哪怕下次再遇到类似的情况，吐出来就好了呀。"

同学和任老师的话瞬间提醒了我。的确，在过去的十几年中，我一直沉浸在那次经历带给我的情绪冲击中。我从来没有认真思考过"为什么我会害怕虫子"这一问题，只是任由非理性的情绪占据我的大脑。

任老师说："如果你还是害怕的话，你可以尝试用系统脱敏法。想象有一只虫子，当感觉害怕时就先放松自己，然后清楚地告诉自己，'虫子很小，我完全可以一巴掌拍死它，它也伤害不了我……我不过是感觉不太好，其实虫子没什么可怕'。你尝试将系统脱敏和理性认知交替进行，自疗一下，好吗？"

同学们都殷切地看着我，我点点头。

— 3 —

虫子有什么可怕的？ ——理性认知建设

后来，我们又学习了认知行为疗法，我便借此对自己的恐虫心理进行了"再认知"，重新思考我恐惧的来源。课堂上，任老师改良版的"ABC 人格理论"告诉我们，我们对待事物（A）持有信念（B），依据信念（B）又产生情绪（E），这一情绪在很大程度上导致了最终结果（C）。如果我们想要改变这样的结果（C），则需要质疑不合理的信念（B），形成合理的新理念（D），以激发更合理的新情感，产生新反应，最终导向不同结果。

为找寻我脑中非理性的自发思维，以构建新的认知，我对自己展开了"苏格拉底式"追问：我在感到难受时，大脑里

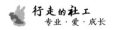

在想什么？是怎样的预设让我如此担心？别人对于虫子的看法是什么？

"苏格拉底式"追问

目的：追问案主直至案主自己找到答案。

可探索的问题包括但不限于：

——当你最难受时脑子里想的是什么？

——为什么这样想？感觉怎么样？

——别人怎么看？为何有不同？别人有道理吗？

——你打算怎么做？可能的结果是什么？代价是什么？收获是什么？

…………

我发现，当我看到虫子并感到难受与恶心时，我都会在脑海里重复那个时刻的触感。我之所以恐惧虫子，一方面是因为我讨厌虫子在嘴里的感觉，另一方面是我非常担心它会飞进我的嘴里。可这样的担心明显是经不起合理性挑战的，正如任老师和同学说的那样，这种过度的焦虑与敏感无疑是非理性、扭曲的认知。事实上，虫子飞进嘴里根本不是大概率事件，就算它进了嘴里，也并不会对我造成更多伤害，我可以轻松地处理掉它。重建认知后，一时间我有了豁然开朗之感。然而，认知层面的疗效是暂时性的，想要真正克服恐虫心理，我还需要在实践层面有所行动。我有些跃跃欲试，尝试着向恐虫心理发出更进一步的挑战。

— 4 —

我不再恐惧虫子了！ ——认知重建后的行为改变

在重建认知后的行为干预中，"学习"是该阶段的中心任务。通常在这一阶段的干预中，社工更像是案主的教育者、导师，为案主提供一个良好的环境以学习新的技巧并使其可以进行实践。不过于我而言，与自己的恐虫心理和解是一个"自助"的过程：我既是案主，又是自己的社工。因此我开始尝试为自己链接资源，寻找身边不恐虫、在各种情境下均能冷静面对虫子的人。一方面，我将其视为"示范"，观察其应对虫子时的行为；另一方面，我将在他的指导下模仿其行为，不断练习、强化。

幸运的是，我很快就找到了"导师"——我的男友，一个对虫子无所畏惧，甚至对它们中的特定种类喜爱有加的人。在表达了我的困扰与需求后，我们制定了一套行为改变的方案。

我们首先进行的是社会学习环节。通过不断观察与询问，我发现，他对待飞虫的方法，可根据其体型大小及危害程度分为以下几种情况：对于轻飘飘的小飞虫或体型较大但不伤人的虫子，他一般会赶走它们，放其一条生路；而对于体型小但可能对人有伤害的，例如蚊子、小蜜蜂以及苍蝇，他会视情况对其使用电蚊拍、杀虫剂，或者徒手进行"剿灭"；而对于体型较大且比较危险的飞虫，例如马蜂，他会尽量躲避，并在有条件的情况下对其进行驱赶……而在模仿与实践阶段，我们首先对目标行为进行排序。

第一步，在他的指导下驱赶与击杀小飞虫；第二步，尝试

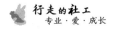
独自驱赶与击杀小型飞虫，在这一阶段，如果出现应对困难的局面，如难以处理虫子的尸体时（对我们恐虫的人来说，这往往是极为恶心的一部分），他会前来协助；第三步，在第二步的基础上掌握更多的技巧，独立应对；第四步，如果条件允许，试着冷静地面对体型较大且具有危害性的虫子（例如马蜂），不过这类虫子并不常见，因此我们可能需要较长时间的等待才能找到机会尝试。在后续具体的执行过程中，前三步的实践都较为顺利——从一开始颤颤巍巍凑过去，憋一大口气吹走一只小飞虫，到一次次练习与强化后，我变得能眼疾手快地击杀蚊子。我欣喜地看见了自己的成长。

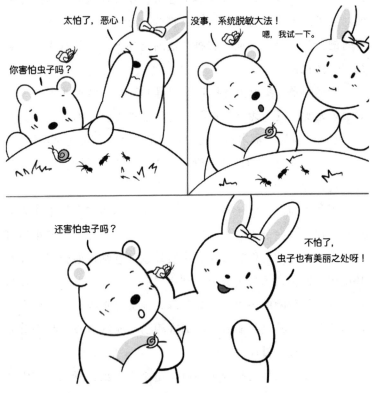

在我不再害怕大多数飞虫、基本拥有了处理飞虫的能力后，男友也开始向我介绍他喜欢的飞虫——蝴蝶，因其拥有美丽的翅膀；蜻蜓，因其拥有完美的生物结构；金龟子和瓢虫，因其斑斓的色彩……渐渐地，我似乎能接受它们的存在了。其实，正视它们时，我才发现它们也和我爱的小猫小狗一样，美丽又有趣。

某个周六上午，在日语辅修的课堂上，一只马蜂迷失方向闯入了教室。恐慌又无助的它疯狂冲撞着玻璃，发出"砰砰砰"的声音，女孩子们吓得"花容失色"。趁马蜂飞远的时候，我深吸一口气，"镇定"地起身打开窗户。仿佛感受到了新鲜空气的召唤，马蜂绕了一圈回来，很快便飞了出去，教室里又恢复了安静。我终于达成了"第四阶段"的终极目标，与自我的恐虫心理基本和解了。

理论本是枯燥且冰冷的，但老师与同学的引导、身边人的支持、自我的发掘和尝试让它"活起来"了，并帮助我实现了"自助"。这样的体验是温暖的，也是有力量的。

— 5 —

如何去除特定恐惧？ ——系统脱敏＋认知行为疗法

正如 Ellis 所言，"人们之所以烦恼，并不是因为事物本身，而是因为他们对事物的看法"（参见何雪松，2017），但在形成看法之前，人却要先处理非理性情绪。如果情绪未经处理，理性认知是难以进入对象系统的。

这就像有些人对猫、狗、蛇、鱼等特定生物具有恐惧心理一样，我们能通过以下的操作方式缓解这一困扰。

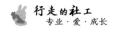
step 1：在特定场景下，应用系统脱敏法减轻非理性的焦虑；

step 2：追问自己以辨识扭曲的认知、挑战错误认知、了解他人的想法，最终构建新的认知；

step 3：在生活中实践与强化这些行为，有条件的话亦可在确保安全的前提下循序渐进地接触这些生物。

希望以上经验分享能带给有非理性恐惧的朋友们更多的勇气。同时，本文也分享了一些克服恐惧的方法，希望你们也能像我一样，告别曾经对特定事物莫名怯弱的自己。

我害怕我的爸爸，怎么办？

钟 琴

— 1 —

一场冲突

"我们家人都怎么了，脾气这么差，这么怪。"走在路上，看到弟弟发在群里的消息，我沉默了良久。

过了一会儿，姐姐问他为什么这么说，他解释道："这几天下来，我觉得爸妈的脾气很不好。本来我自己就是个暴脾气，经常一天到晚累得很，可是爸就喜欢指责我不好，妈也经常因为一点琐事就要对我说教，我们每天都在争论，太累了。"

每次收到这样的消息，我都会习惯性地先安慰对方，调节其情绪，然后绞尽脑汁，为对方提供解决办法。

但这次，我不知道应该怎么表达我那溢满了的情绪……

— 2 —

我的家庭

父母有三个小孩，我是家里的老二，我还有一个姐姐和弟弟。

我小时候觉得，姐姐比我大，会欺负我；弟弟比我受宠，还是会欺负我，我总是受苦最多的那一个。

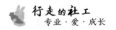

长大之后，姐姐会在生活上指导我，弟弟会在精神上支持我，我反倒是最幸福的那一个。

在我很小的时候，爸爸就在外打工，一年只回家一次。他在我的记忆中，只占据了很小的一部分。

和爸爸共同生活经历的缺失使我常自己想象，他是朱自清先生笔下那种揣着橘子蹒跚爬上月台的人，还是林海音笔下那种严厉但又不缺乏慈爱的人呢？

但他给我留下的，似乎只有一个模糊的"恶魔"模样，总是给我们威压的感觉。

上大学学了社工这门专业后，我经常思考自己，思考自己的家庭，我希望能通过自己微薄的力量，让自己身边的人生活得更幸福。

所以我会有意识地多和他们聊天，将我学到的一些技巧运用于家庭关系处理中，以促进这个系统的改变。

当然，这个过程中有成功也有失败。

— 3 —
爸爸的"恶魔"形象

我的爸爸，是那种典型的沉闷男性角色，他一个人挑起了家庭的重担，从不与孩子们嬉戏打闹。

在我还小的时候，有一年夏天，我们一家人在院子里乘凉，我坐在了爸爸身边，当时那种心跳加速的恐惧感，到现在我都记忆犹新。

改变是从什么时候开始的呢？我想，大概是我备战考研的时候。

2017 年 10 月，因为受不了学校紧张压抑的氛围，我选择了回家复习。拉上一大半都是复习资料的行李箱，我有些不安，又隐含期待地回了家。

当时，爸爸因为刚动完手术在家休养，妈妈则在家陪护。

在那段时间里，超人般的妈妈包揽了所有农活，爸爸则偶尔做饭。有时候吃完晚饭我们会在饭桌上聊会儿天，气氛融洽又温馨。

那段时间，我好像是第一次感受到家的温馨。

但好景不长，爸爸受不了这样终日守在家里的日子，执意要外出务工。亲朋好友轮番相劝，都难以改变他的主意。

我回学校之前，和爸爸聊了很多次。我不停地在劝说，但他只回以简短的"嗯""哦"，或者一些没有实质内容的短句。

我回学校没多久就接到妈妈的电话，她说爸爸还是打算月底就出去找活儿干，并且不允许妈妈陪同。

电话这端的我，听到妈妈焦急的声音，只感到浓重的无奈和难以抑制的气愤。无奈他如此固执，生气他漠视全家人好意的关心。

— 4 —

想和"恶魔"做朋友

作为一个内心对爸爸的爱充满憧憬和向往，同时掌握一大堆关于改善人与人关系、缓解家庭内部矛盾理论的女儿，我怎么会甘心就这样让初步萌芽的美好消失呢？我内心涌现出用行动去改变的渴望。

所以，我坚持两天和爸爸通话一次，开始是打电话，后来是视频。开始是聊几分钟就结束，后来渐渐能说十分钟、二十分钟、三十分钟……

到现在，爸爸会主动给我打电话，问我在干吗，也不会说不了几分钟就要挂电话。

前两天我们通电话，我问他最近怎么每天都要忙到深夜，他居然主动和我解释原因，并宽慰我说后面几天就不会这么累了。

不知道从什么时候开始，我的关心传达给了我那位固执又自我的老爸。也不知道从什么时候开始，他会主动回应我的关心，也会开始依赖我。

我竟然渐渐能够在这个"恶魔"面前撒撒娇、开开玩笑，以此表达带着关心意味的"指责"了。

— 5 —
是什么带来了这样的改变呢？

第一，改变非理性信念。首先，我改变了自己认为"爸爸很可怕"、"爸爸不愿意表达"和"我不可以惹他厌烦"的想法，开始告诉自己："爸爸有很多话，藏在心里不愿意表达，只是因为没有一个人恰好愿意倾听，至少让爸爸感受到愿意被倾听。"

第二，认知自我情绪。我想让爸爸感受到，我接纳并且愿意倾听他的快乐和烦恼，也已经成长得能够承担这些情绪了。这个过程，需要反复耐心地尝试。比如，在和爸爸聊天的过程中，我曾经多次感到无话可说，也多次问一些毫无意义的事情，但这都无妨，只要我坚持与爸爸温柔沟通，他终会感受到我的关心。

　　第三，改变行为。然后，我开始改变思路，在电话中更多地分享自己的生活，让爸爸了解到自己的女儿每天都在做什么、心情如何，并且在很多事情上询问他的意见。当我把自己的生活状态展示到他面前之后，再逐渐开始询问他的生活状态。

　　有时候，我也会给他分享最近的热点新闻，或者聊聊听到的八卦。虽然在最初这显得有点傻气，也会让我感到些许尴尬，但次数多了以后，这样看似"无聊幼稚"的沟通，在无形之间拉近了我和爸爸的距离。

　　在这个过程中，我和爸爸都在改变。他变得更加信任自己的女儿，我也变得不再害怕爸爸。我们逐渐学会了如何自然地

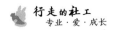
表达自己的关心，也更加亲密地相处。

我想，我需要认识到，他是我的爸爸，也可以是我的朋友。

— 6 —
用时间，参与你的生活

从最初坐在爸爸旁边就会紧张到心跳加速，到现在爸爸会主动给我打电话、拉家常，这个改变的过程，竟用了十几年的时间。

从前，我潜意识里曾幻想改变这种紧张的关系，但在意识层面又认为自己是无力的，现状是不可改变的，所以本能地逃避，在填报高考志愿时，义无反顾地选择了离家远的大学，内心甚至隐隐有个声音：离开，走得越远越好。

后来，当我意识到这不仅不是解决之道反而是使其变成一个"僵局"的时候，固有的互动模式已经形成，改变又并非一朝一夕就能实现的。所幸我足够贴心、善良并受到了关于爱的良好教育，这都让我对父母有无穷尽的爱和耐心，我可以花费余生所有的日子，去改变和爸爸的关系。

其实，我们都曾有过这样那样的关于"好爸爸""好妈妈"的幻想与期待，但由于种种原因，事实总与我们的期望存在出入。从前，我通过沉默甚至逃离来宣泄自己的不满，可上了"家庭社会工作"的课后我明白，追问原因或抱怨现状并不能给我带来一个想要的结果，而有效的方法是：第一，接纳事实，理解父母所受的客观条件限制，清除负面情绪；第二，以积极的认知来替代我们内心固有的偏见，树立起"只要朝着正确的方向去行动，关系就可改变"的信念；第三，主动承担起改变关系的责任，采取行动，寻求改变；第四，评估自身的需求和父母的需求并寻找结合点，创造改变的条件，从开展微小行动开始；第五，通过持续的微小行动，比如通过打电话等方式和父母保持一定频率的联系，这样，关系的改变就会悄然发生。

我一直都知道，自己的爸爸脾气很差，这也是我之前害怕他的原因。那样高大的身躯，再加上一张不苟言笑的脸，就是我在童年时期对他的全部记忆。

但这样的爸爸，竟然会在我故意讲笑话的时候，忍俊不禁；竟然会在接到我视频的时候，轻扬嘴角……

此刻，看到弟弟在群里吐槽爸妈脾气不好的消息，我不再第一时间给出"爸妈就这样""忍忍就好了"等被动又无能的回复，而是先在心里判断：弟弟和爸妈真的缺乏良好的沟通，也缺乏在此基础上的相互了解、体谅。

对于弟弟来说，他的童年也没有爸爸的陪伴，爸爸于他就像是刚刚认识的朋友，二人在生活上缺少太多的磨合，却要开始在一起生活这么久，这中间的磕磕绊绊必不会少。

而正值青春期的弟弟又没有像我一样，学习到许多有用的家庭理论和沟通技巧，也没有去改变的意识和动力。所以才会在和父亲的共同生活中被"一地鸡毛"的琐事困扰。

我想，在接下来的日子里，我不仅需要与爸爸做朋友，也要让弟弟重新认识他。

所谓的"优秀"并没有为我带来自由

冷丹琪

— 1 —

"优秀"并没有为我带来自由

最近发生了一件很有意思的事：我获得了一个超乎意料的大奖，它像馅饼一样砸在我头上。有人说这是"实至名归"，但我却为此焦虑不安，内心失去了原有的平静。我开始不断自我怀疑：我真的配得这个奖吗？同时疯狂猜测其他人是怎么想的，他们真的觉得我配得这个奖吗？

在我惴惴不安时，一段很有意思的插曲发生了。因为评奖条款中的某个条件存在模糊性，我又有可能因此失去获奖资格。闻此，我的第一念头竟然不是伤心，而是惊恐："天呐，别人会怎么看我……我该怎么和大家说明……"刚点了一大碗"垂涎已久"的玉米馄饨的我顿时胃口全失，甚至生理性干呕了很久。

这种情况已经不是第一次在我身上发生。

比如，每条发布在网络上的信息收到回复后，我都会不断猜测对方的态度，一个简单的"哦"字可以让我的心情掉到谷底；如果不小心做错一件事给别人造成麻烦，我也会愧疚、怨恼自己很久……我尽力、努力做好每件事，想得到别人的认可，想向优秀标准靠近，想获得几乎所有人的肯定，哪怕是现在写下这样一篇文章，我也担心会不会有人觉得我很矫情……

我想我有"病"。我患了一种"如果我×××，别人会怎么看我"的病，晚期，病龄 14 年。我也曾上网搜索，发现大家身上多多少少都存在"过度在意他人看法"的问题。我所学的知识告诉我，这种"病"会伴随一系列的"躯体化症状"，我的表现是反胃干呕，其他症状则可能表现为彻夜失眠、疯狂脱发，甚至斑秃。

以前，我从不认为这个"病"影响了我的生活。我甚至觉得虽然这么做让自己心累，但大多数时候我都会让大家感到愉快，这是完全没有问题的。

这种想法持续到了上"社会工作理论"课时。课上，任老师讲到了埃里克森的八阶段论，人生在不同的发展阶段表现出来的性格特点和面对的任务是不同的。这时我才发现，我所做的都是符合别人的期待的行为，而我从未真正完成建立自我同一性的任务。"我的目的和方向""我是谁""我是怎样的"等一系列问题，我至今没能给出答案，甚至没有去探索答案。我只是努力贴近"优秀"的标签以满足大众对一个"好学生"的期待，我其实并不知道自己要做什么。

— 2 —

我依旧活在他人的期待里

我思索了很久，这样的状态是怎么来的呢？想到这里，一个场景浮现在脑海中。小学时，学校里一位老师的儿子和我同班，他到处掀女生的裙子，屡教不改。我向教导主任反映了这

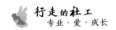
一情况，教导主任和该老师说了这件事。后来，这位老师开始针对我：她总会刻意忽视我，引导其他女生孤立我，给我一种我不值得被关注、被肯定，什么都不如她儿子的感觉。

现在的我可以明白她作为一个母亲为自己孩子着想的心态，但这并不代表我理解、我认同，也不代表我原谅。因为 6～11 岁的我在这样的环境下生活了 6 年，几乎病态地渴求所有人的认可。可老师的"权威"对一个小学生的打击是巨大的，尽管我勤奋学习、成绩优异，却依旧有深深的自卑感。

一路上，我所追求的都是大家认可的"优秀"：我经常被当作别人家的孩子，性格温顺、努力拿奖、当班长为老师和大家做事、尽力考好每次试……就这么一路考进了985高校。

然而这种"优秀"并没有为我带来自由，我依旧活在他人的期待里。我一直在追求每个人的认可，而事实上我从未认可过自己。尽管我经常对别人说"我们要爱自己"，但我并没有做到。

幸运的是我学习了社会工作的相关理论，现在的我认识到了自己正处于自我认知混乱的阶段。如果我无法摆脱"以他人的评价为出发的动力"的思维模式，我将永远无法建立自己与世界的边界，无法真正建立自我同一性。因此，我打算从小学时的经历的后遗症"自卑"开始，以行动解决问题。

— 3 —
自由就是不再盲目寻求认可

课上任老师提到一个问题："为什么我们有的人很喜欢帮助别人？"一般而言，有两种原因：一是我们自己是一个有爱的人，我们的性格倾向于助人为乐；二是交换机制在起作用，即内心缺乏爱和肯定的人，通常通过"牺牲"自己、帮助别人来获得他人的赞赏和肯定，以填充内心的"黑洞"。我们之所以会自助以谋求成长，是因为我们需要成为内心有爱而非内心匮乏的助人者。我们的专业学习也是在学习如何自助，追求自我成长。

所以，当我认识到自己的自卑后，便开始想办法自我疗愈。

个体心理学告诉我："不要寻求他人的认可。"任老师也告诉我："多关注自我的成长。"我反思自己的经历发现，因为我一直追求他人的认可，所以我从未认真思考自己想要成为怎样的人，或许我也正朝着理想的方向前行，但由于我并不"自由"，所以成长缓慢。

那究竟如何才能获得这种自由呢？或许我们可以尝试不再想着寻求任何人的认可，只是单纯遵循自己内心的声音、关注自己的想法和情感。

我们可以将人际关系简单分为两类：横向关系和纵向关系。纵向关系即权力等级关系，小时候的我因为被当时自己眼中"高高在上"的老师否定了一切，所以感觉失去反抗能力，日渐自卑。渐渐地，在与同辈的相处中我也习惯地刻意讨好他人，以此获得别人的认可，甚至不知不觉中将他们也视为比我更有权力的存在。

横向关系即平等交往的关系，指人们在同一等级上平等交流。当回顾自己的经历时，我发现，若我将师生关系看作一种横向关系，我就可以在被那个老师否定时支持自己；当她批评我时，我可以在内心坚定地对自己说："不，那不是我的错！"这样一来，我也不会再习惯性地讨好其他同学以证

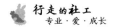

明自己，因为我们之间是平等的，我不需要讨好任何人。除此之外，个体心理学还认为，在横向关系中，我们应该学会鼓励他人，而非表扬或批评，因为表扬和批评更像是上级对下级做出的评价，而鼓励则是基于横向关系的心理援助。鼓励要比表扬更能激励人心，且更能营造良好的横向关系氛围。

思考至此，我终于理解了自己，也从情感上接纳了自己。我认识到，我只是个小姑娘，我当然会害怕被否定，从而采用"压抑自我"的防卫机制，以逃避自己因此负累的事实。

— 4 —
"人来这一生，就是奇迹！"

个体心理学理论的知识丰富而博大精深，我尚未全部学完并理解，以上也只是我针对个人情况所做的一些分析与建议，希望供与我有相似困扰的读者们参考。

如果你也多多少少因为在意他人的看法而感到不"自由"，请不要太在意他人的目光，要知道，人与人都是平等的，所以请务必坚信自己内心的声音，相信自己很闪亮！

当然，其实我也发现，随着年龄与阅历的增加，我也在不知不觉中学会了自我调节，干呕、反胃等比较严重的症状出现的频率已大大降低。随着学习与反思，我逐渐随"心"做事而不是随"波"逐流。

所以，无论你遇到了什么样的困境，甚至认为自己有什么样的缺陷，都请相信这只是暂时的！每段人生都有每段人生的独特之处，解决问题的过程是精彩且有意义的，所以，不要因害怕而逃避！豆瓣上有一个"每月养成一个好习惯"小组，其组规里有一段话让我很受触动，现摘录与诸位共勉。

活着就是为了庆祝生命

找到自己的活法时，理解所处的时代，
面对的一切并不是压力，而是我们需要去学习的内容，
生活里每一个选择和决定不是为了去和别人竞争，
而是对于生活的一种维持和参与的信心。

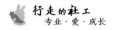
　　我们的生命，就是以不断出发的姿势得到重生。为某些只有自己才能感知的来自内心的召唤，走在路上无法停息。

　　因为我坚信，走过的所有曲折都会变成灿烂的彩虹。

在文章的最后，我想用任老师在课堂上说的一句话来结束，也正是这句话，成为我成长的一个动力来源。

　　人来这一生，就是奇迹！去遇见不同的自己，一直向上成长，向外探索，往上向外的世界是无限的！

所以，你要去过自己的人生，不要活在他人的期待里。

爱的控制，与性别无关，与权力和文化有关

任　敏

爱是美好的，如果你爱上对的人；否则，爱里可能有毒。

北大的牟某对包丽的"精神控制"事件出来之后，我把该新闻发到一个学生群里并留言："亲子爱里的控制我们已经知道，亲密爱里的控制尚需警惕。"

没想到一向以学习为主的群里突发大水，我看同学们议论纷纷，群里迅速盖起高楼，默默心想：是啊，这多常见，没关系的，老师也曾遇到过，所幸 survive 了。我们就从中得醒悟，求成长吧。

美国的社会学研究也揭露了男性对女性的"煤气灯操控"——亲密关系里的情感操纵现象。但如果我们抛弃性别偏见，打开眼界，就会发现：既有被男友 PUA 而吞药的女同学，也有被女友 PUA 而跳楼的男同学。

所以，关系里的控制在本质上与性别无关，而与关系里的权力有关，这种权力既可以是男性对女性的，也可以是女性对男性的。扩展开来说，在所有"以爱之名"的关系里，如亲子关系、上下级关系、师生关系等，都可能存在控制与被控制的现象。我们的社会关系里普遍存在控制，这既有社会制度安

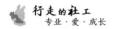

排使然——表现为关系里普遍存在着权力分布不平等的现象，也有文化的助攻——表现为集体主义、威权文化、家长主义对我们心智的支配。

第一，集体主义、威权文化、家长主义导致在各种人与人之间的关系模式中，占据主导地位的是"上—下位"模式，而非基于个体主义下的人际相互平等、尊重、守界的关系模式。所以，在社会生活里，权力也是显要存在的。在这种"上—下位"关系中，存在下位者对上位者的顺从，以及上位者对下位者的"庇护文化"，所以上位者对下位者的意志干预及行为支配就成为常见的现象。这便使下位者对上位者的"屈从"、上位者对下位者的精神控制或虐待，都在"爱你""关心你""为你好"等名义下具有极大的欺骗性和隐蔽性。

"亲子爱"中以爱之名行过度干预乃至控制之实的问题，我们花了很长时间才将其揭示出来，使其成为广泛共识；"师生情"中的控制和剥削，让我们付出了很大的代价，也为全社会敲响了警钟。如今，我们也应当对亲密关系中的控制有清醒的认识。

第二，中国传统的文化属性使人们在相处时有一种将关系拟亲缘化的倾向，而这混淆了关系中的行动逻辑，使关系中的控制现象更为普遍且更具有欺骗性。中国社会生活的各个场域都常见"拟亲属化"，甚至包括劳资关系中。一般化地举例，比如我们对陌生人的称呼，在北方有的地方，人们会叫"大姐""兄弟"；在南方有的地方，人们则称"小妹""大哥"。但综观全国，极少有地方在此基础上演化出去人格化的称谓，如女士和先生。这种拟亲化倾向会让人将社会关系人格化，并将其拉入伦理规定和情感旋涡之中，导致关系逻辑被混淆，即在事务领域中，原本应当用"事"的逻辑（其特征是可计算、边界清晰、理性决策），却在模糊化的关系模式中被用成"情"的逻辑或"伦"的逻辑（其特征是不计算、边界模糊、感觉行事），出现"感情用事"的错位；而一旦有人用"情/伦"的逻辑，他们就容易被用"事"的逻辑的人操纵。

我们常说，关系里谁用情深谁就输了，但实际上并不必然如此，因为从用情的不对等到产生伤害性的后果之间，存在一定的条件。即，纵然关系里彼此用情有深浅，但如果对方重视、珍视感情，在相处过程中奉行尊重、感谢、不利用的"情"的逻辑，伤害就不会存在；但如果你用深情逻辑（将对方的感受和利益置于自己的之上，甚至置于规则之上），而对方奉行利用、不尊重、轻视的非情感原则，则会产生伤害性的后果。这种情 – 事不分的行为跟关系分类不清、关系性质混淆有关，它既是文化和集体潜意识所塑造的结果，也可能是心怀不轨之人刻意操纵的结果。

笔者做家庭和亲密关系咨询，所以本文主要谈亲密关系中存在的控制问题。亲密关系里的控制广泛存在，但由于控制的程度不同，它也呈现一个谱系。基于我过去几年所做的 30 个亲密关系咨询案例资料，以及对于弥散的社会现象的观察，我们把这个谱系里的各种表现总结为以下几种。

— 1 —

亲密关系中广泛存在的控制类型

1. 身体塑造

亲密关系里常见的控制是：彼此对对方穿着提要求，对其

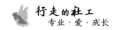

身体（体型）进行评判。

一般来说，女士敦促男士讲究穿着，主要是出于其符号特征考虑，即希望通过形塑男性的身体外观来发送阶层信号，比如更体面、更时尚等。而男士对女士穿着提出的建议，往往带有性化的特征。

比如，一个女同学和一位职场女性都曾被各自的男友要求不能穿短于膝盖以上长度的裙子，要穿有领上衣，不要露乳线。从女性视角或中性视角来看，它们属于"美丽的风景"——弧线多美啊，对吧？大家想想地平线，穿线比平线是更美的形态啊——但这可能被男性定义为故意"勾引""诱人犯罪"。对美犯罪，是美的错，还是罪犯的错？

这点在男女性之间的确存在区别。当男性露出膀子上的腱子肉或腹肌时，女性表示的往往是赞赏；而男性露出大肚腩，女性也往往很少给予打击，也鲜少有意见说对方"视觉污染"。总之，女性对男性皮肤面积的适度裸露持不评价态度，但男性常对女性皮肤的适度裸露带有各种评判。

对伴侣的身体塑造不仅限于外貌衣着打扮，也包括真实容貌乃至躯体的改造。在我的个案里，有女性为迎合男友的审美而去隆胸的极端案例，也有年长的丈夫为了妻子的审美而叹着气去打肉毒素的事实。

区分对重要他人穿着的"建议"和外貌评价是正常的"反馈"还是"压迫"，我们可以从施加者和受施者两方面入手。

从施加者来看，这其中有三点区别：其建议的强度和频率、附加的情绪、被建议方遵从与否的后果。如果提"建议"的频率高、语气强烈，再附加负面情绪，往往会让被建议方产生实质的心理压力，甚至形成压迫；如果被建议方不采纳

"建议"，就遭遇对方的情绪惩罚，如冷暴力，表现为不理睬你，或者热暴力，表现为言语侮辱性评价，甚至谩骂（如"人家觉得你穿得就是不正经"），乃至关系危机（如"你不是好女孩，我要重新考虑我们的关系"），这种情况下，就属于"压迫"了。

我曾经见过一对老年夫妻，每当他们一起出门，妻子就会斜眼打量丈夫的穿着，如果对方穿夹克，她会说："你怎么衣服都不会穿。这么冷的天还穿夹克，你咋不穿长点呢？"如果那天丈夫穿中长款，她又会说："你怎么衣服都不会穿。现在哪儿还流行这种长款，一看就是糟老头子……"这个老爷爷一辈子跟他的妻子出门都表现得缩手缩脚，甚至宁愿躲着她，不跟她出门。然而，如果不跟她出门，自己又会挨骂（因为不陪她）……最后，老爷爷出现了选择性失聪。可见，穿着的问题只是夫妻关系里存在压迫的一个表现。

而从受施者的一面看，"建议"是出于爱还是出于精神控制，这其中的边界在于："建议"是否危害其基本的健康、安全，以及当事人的行为中是否存在被强迫感乃至强迫性冲动。"我知道这样做不好，但我还是有强大的驱动力去做；可我做了之后，我又不能完全接受自己。"这两种内在力量的对抗与拉锯就形成了强迫性冲动。被强迫感达到一定程度，就会演变为强迫性冲动，而这往往需要专业介入才能治愈。为男友审美去隆胸的案例是典型的强迫性冲动和有安全风险，而那个老爷爷无任何器质性病变却"失聪"的现象则属于被危害了健康。

2. 社交行为控制

社交行为控制常表现为男女朋友相互查看手机、邮箱、电脑等私人用品，甚至对方要求知道你的密码等。

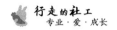

但其实，每个人设立自己的密码，就是为了维护独属于自己的私人空间。它宣告了每个人至少有一块空间是自己可以控制的；如果交出密码，就失去了电子时代中这块"自留地"发挥自我支配与环境控制功能的底线意义。

从个体心理学的角度看，这种行为不仅会导致当事人一时的不悦，还可能造成当事人潜意识中的失控感和低自我价值感。当然，出于自由意志而主动交出密码的行为则另当别论。

而从社会学角度看，这种行为会对当事人的社交造成压力：时刻被凝视的感觉会让当事人被迫违背其自由意志，进行社交方面的自我约束。这既给他造成心理压力，也客观上使其社交空间萎缩，当事人难以在伴侣之外的交际圈内建立深层的支持性联结，甚至既有的联结也可能因此中断（内外关系之间的边界，以及边界也是一个不断演化、再定义的问题，此处不论）。

而更极端的做法是直接禁止对方与特定人或人群（如异性）交往，并可能采取盯梢行为。这些行为在某些国家里属于犯罪行为，在我们的文化中，却常被定义为私领域事件，且因其带有爱的名义而具有极大的隐蔽性，甚至对当事人来说都具有自我欺骗性，即我们自己都意识不到这是控制，而是将其解读为"在乎"。

在我接触的案例里，一个男孩曾对女孩说："如果有人敢抢走你，我就把你们学校炸了。"女孩跟我说："我觉得这才是爱，其他的说爱我的都不是真的，他们一点都不男人。"当时我有些哭笑不得，默默想：姑娘，你恐怕是对男性气质和真爱有什么误解？

当然，关系里的社交控制是一个系统工程，除了行为规则的制定，还有特定话术的使用，由此形成一个"你必须怎样"以及"为何如此"的合理逻辑闭环。如在我接触的案例中，多见男性跟女性说："外面男人都很坏/那个男人刚才就是故意撞你/男人都很色/都想占你便宜……"而女性会倾向于对男性说："外面的女人不干净……"这当然不是全部的事实，但是它会被行为控制的一方当作全部的事实灌输给被控制方，以合理化其控制行为。

总体上说，从客观效果来看，由于男性拥有经济、社会资源和心理方面的优势，他们更能够对女性实施控制。女性若听从"外面男人很坏"的观点，就会缩小自己的社交范围，普遍警惕男性；但是若男性听从"外面女人不干净"，则往往其反应是"那我就选择良家妇女吧"。

3. 经济控制

中国式亲密关系的一个典型特征是：经济义务搅和在关系中。比如，"上交工资卡"这种将自己的经济支配权交与对方的行为，几乎成为长期亲密关系盟约缔结的仪式性操作。

亲密关系里的经济控制主要表现为两类：一是社会文化规定结合亲密关系对男性在经济上的压迫，二是家庭分工格局结合亲密关系对女性在经济上的压迫。

不同于西方，中国社会"嫁汉嫁汉，穿衣吃饭"的民间文化让经济付出在中国式亲密关系里扮演了极为重要的角色。在西方个体主义文化中，当亲密关系的其中一方遭遇经济危机，如果另一方伸出援手，被助方常常十分感激，甚至有尊严、有能力的人会拒绝帮助；但在我们的文化里，爱人之间的经济支持是标配，那些试图保留自我经济支配权的当事人，尤其是男性，则会在不同程度上感受到压力（当然，在法律保

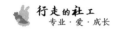

障不到位、有些舆论也轻视婚姻中弱势女性的利益时，这方面的文化规定有助于保护女性权益）。

我在咨询中见到不少在亲密关系里男性上交工资卡、女性定量发放"月例"的情况，这种行为给予女性对男性进行经济控制的可能性，先不论原因，客观上，确实存在关系中的经济控制现象。在我的咨询个案中，常见某些男性因为经济上被女性控制，而不能对长辈尽自己的赡养义务，在兄弟姐妹中"抬不起头"，对外跟朋友交往中也常"蹭吃蹭喝"，最终逐渐主动退出社交圈的现象。这样的经济控制，或者导致人陷于抑郁情绪，或者导致人反抗，最终导致关系走向破裂。这种状况主要见于家庭经济资源相对拮据且受教育程度较低的夫妇中，但不限于此。

另一种关系中的经济羞辱还体现在：我们的文化规定，男性应当比女性挣得多；但当男性处于经济收入弱势时，不论这种相对弱势程度如何，都会被归结为"质"的问题。这就可能导致女性对男性的"鄙视"，甚至公开在社交场合对其进行羞辱。

但另一方面，家庭分工普遍是男主外、女主内的情况，使家庭中女性不得不依赖男性获得经济资源，此时男性就可能对女性实行有意或无意的经济压迫。

"他总是不记得主动给家用，我不得不跟他要钱，有时候真的感觉很屈辱……他脾气大我也只能忍着。"

"婆婆也说我不挣钱，靠男人养活……我真的觉得抬不起头来，灰头土脸。"

我们说，亲密关系里的控制与其中的权力分布有关，而与性别无关，但人们常常认为这明明与性别有关啊。性别之所以成为干扰变量，是因为权力在男性和女性群体中的分布失衡。考虑到社会通行的是男权文化，就可以解释为何在概率上，我们更常见女性在关系里被控制。深入底层本质，有助于我们少制造些"伪性别"对立。

— 2 —
为何爱的关系里存在控制

为什么在爱里会有控制存在呢？心理学讲心理学的道理，比如一种观点认为，这是因为我们在成长中没有建立起"自我同一性"：我们没有建立清晰的自我认知（我是谁，我是独立的），而依附于他人的反应来认知自己，即自我认知依赖于内在的关系依附性动力。在这种情况下，若所附是正常人，那是特殊的学习机会，当事人会成长，这就好比 mentor 制度总是对那些有适度依附性的人更有帮助；但若所附非正常人，其结果往往是被损害、被控制、被剥削。

社会学讲社会学的道理，比如"煤气灯操控"研究文献认为，这是女性结构性弱势的原因，如在跨国婚姻中，具有合法身份的丈夫对非法身份妻子的恐吓、控制，加上警察、司法以及精神卫生系统与男性合谋的系统性压迫，都是对妻子的"控制"。

不过这都是特定的理论视角罢了，若从实践的角度出发，对于具体的关系控制事件来说，它们则是复合因素作用的结果。即从共时态来说，控制是个体的心理特征加上外在的结构性压迫造成的；从历时态来说，是制度性的、结构性的压迫导致了个体的特定心理特征，然后这种心理特征再结合新一轮的

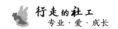

制度性、结构性压迫投射在具体的亲密关系中，进而在个体身上产生了精神控制乃至精神虐待。

对于一些悲剧事件中的当事人，大家都禁不住问：为什么当事人不分手，以至于最后付出生命的代价？是啊，都是同一个社会里成长起来的人，都一样谈恋爱，当关系里出现控制时，为什么有的人能分手，而有的人不能？

特别说一句，有些事件不同于"煤气灯操控"研究里案主们的情况，后者的社会弱势地位明显，比如其中女性无合法身份，女方无经济收入，且缺乏社会支持；而有些当事人条件不差，经济独立、有良好的社会支持、前程美好，并没有其他的负面生活事件，何以被精神控制？

不论是从特定个体心理特征还是从结构性和制度性的要素出发来解释这种现象，都需要一个中介变量去架桥，这就是当事人的内在关系取向气质。这不是个体心理学的范畴，而是社会心理学的范畴。因为从现象上看，关系取向的人在女性群体中分布居多。为何如此？从生成机制上看，我们的社会文化规定了人分为男人和女人，并且规定了各自相应的气质类型。依照文化脚本，女性被培养为女人，具有女性气质，男性被培养为男人，具有男性气质。而关系取向和柔性风格（比如温柔、听从、顺从、为别人考虑、回避冲突等）就属于女性气质的核心内容。但请注意，关系取向和柔性风格并不一定是由社会性别决定的，在男性群体中也有不小比例的人拥有女性气质，从"温文尔雅"到"暖男"，都在此列（对应地，现今有的社会接受人的性别有多种的观念，如最新研究认为人的性别达到100多种，这种多元性别文化相较于性别变量仅为男或女的单一性别文化，对人的教育和发展必将产生不同的影响）。

因为关系的可变动性，如果二人中一方具有控制倾向，并不必然导致另一方被实施精神控制或虐待，影响到结局差异的是当事人心理结构，或说人格结构中的关系取向特征。

儒家文化和集体文化都容易催生人对人的精神戕害，这从"软刀子杀人""礼教杀人"的说法就可见一斑。它甚至不需要配以制度性的强 - 弱失衡格局，仅通过对当事人的心理"催眠"就可完成。社会学在研究男女关系时常考虑经济、政治这种"硬"变量，而小看了文化/意识形态这类"软"变量对精神控制的独立作用。

是否关系取向和是否在关系里被实施精神控制高度相关，所谓关系取向就是在乎关系，认为关系大于天，对关系的破裂有着超出自己意识范围的深层恐惧。对关系的过度负责，也就意味着对对方的过度负责。从心理健康的角度说，过度责任承担可能走向对自我的戕害。

儒家文化讲究"克己复礼"，如人伦，它甚至要求人对重要他人，包括所爱之人负无限负责——"一人得道，鸡犬升天"对此诠释得淋漓尽致。

君子在面对非君子时，都易被后者俘获。原理是，一旦进入关系，君子就会对对方产生义务感，不能撕破脸皮；而当对方恶言相向甚至攻击，在乎其感受的我们会倾向内省和反思，乃至怀疑自我；一旦对方以死相要挟，我们觉得自己务必负责，即使要离开对方也要等他能接受之时……其结果就是自己深受伤害。

在这个实用主义和利益至上的时代，潜意识里关系取向的人确实更容易陷入关系，为关系所害。题外话，在这个时代，关系取向容易导致你关注他人而不是关注自身，导致你的精力

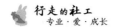

弥散，"好人"是你能得到的最高丰碑，而当下是追求自我发展、极致生存的竞争时代。但必须说，为族群考虑是人的社会性的体现，也将使整个族群最终受益，增强族群的适应能力。

每个时代有每个时代的主流气质，在此我们不做好坏评价，仅做理性判断。我们可以想象，换个时代，比如极端点，在母系氏族时代，女人们评判一个男人时是否会说："这男人真不够温柔，非良品也……"

— 3 —
该怎么办？

我的回答是：不用去鉴别对方，去感受你自己。我们不要从个体心理学的角度切入，你确实没法掌握那么多人格障碍类别；你从自我感受出发，落脚在关系层面去衡量彼此的匹配性。

在亲密关系中回避"渣男"，那只是底线行为。我们不仅仅是不要"渣男"啊，我们更要优质、美好的关系！而什么是优质、美好的关系，这是你作为当事人显然能感受到的，问题是，你是否听从你内心的感受，重视之并依照其去行动。

实际地说，从认知到行动之间是有距离的，你得有力量去行动，而在亲密关系里搅和太多诉求进去，会影响到我们的行动力。比如我的年轻案主们常常在"我是要找一个爱的人还是找一个有经济基础的人结婚"之间纠结，当明明不爱了、受折磨了，那些只是想着对方适合结婚的人往往还不愿结束关系，所以他们会在关系里委曲求全。

总之，我们不需要去鉴别渣男，只需要去感受自己的内心，去追求高质量的关系，这事关幸福，乃至基本的精神健康。什么是高质量的亲密关系？依据过去半年的多个焦点小组访谈经验，我们总结出"关切、包容、尊重、欣赏、彼此考虑、共担责任、相互成全发展"是高质量亲密关系的核心内容；反之，低质量的关系是双方或一方不关心、挑剔、否定、打击、情感勒索及关系反复等。

— 4 —

爱 TA 就给 TA 赋权

在社会大转型时期，一方面，面子文化等集体潜意识可能控制了我们一部分人；另一方面，算计、实用主义、唯利是图、情为商用等伴随市场经济而兴的资本主义行动逻辑则对另一部分人实施控制，产出了精致利己主义者或精算损/害人主义者。在这种文化张力之下，加之权力分布的不平衡，就会产生层出不穷的受害－加害关系。

但是这些人也可怜，客观地说，若不反省自修，他们将一生难识美好关系的滋味。

我在哈佛期间，与某博士生，一个韩国帅哥共用办公室，因为同为东亚人，又对我的亲密关系研究感兴趣，他常跟我聊他的罗曼蒂克观。

某天我们聊得比较久。他说自己在经历过两次恋爱并修习女性主义课程后，就明白了，自己喜欢独立的女孩做自己的伴侣。但他的妻子是韩国女性，韩国男尊女卑的文化似乎刻入了妻子的骨子里，比如他发现妻子相比自己有更高的情商，但在面对他时却总是全面不自信，他多次主动、刻意地向她赋权。

一天早晨，他起床打开冰箱门，发现里面没有早餐。正当

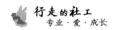

他看着空的冰箱愣神时，他的妻子忙不迭地道歉："对不起，对不起，昨天宝宝不舒服，家里事情太多，是我忘记了买早餐。老公，对不起，我现在就去买，很快就回来……"

他轻轻地关上冰箱门，转头正视着妻子的脸，平静地说："嘿，你怎么了？家里没有早餐就没有，你忘记就忘记了，不用道歉，我也可以自己去买，我有手有脚，不是吗？你前天因为衬衣没及时熨好跟我道歉，昨天因为我要搭配的袜子没找到跟我道歉……没有必要，我都理解。宝宝还小，你有很多事要做。不要轻易道歉，你不欠我的，下次你就跟我说：'老公啊，可以下楼去买早餐吗，也给我们带一份。'我跟你是伴侣，是相爱和互助的关系，不是上下级关系。你的生活里不需要多一个主人，除了你自己。"

我笑问："你妻子反应如何？"

他笑："她的反应是看着我，镇定下来，然后说，'哦，好的，老公，现在请你去买早餐，给我们也带一份'。"

我哈哈大笑。

当时我俩各自懒散地仰靠在椅子上，斜对而谈，偌大的落地窗外斜射进来温暖的阳光。听他的故事，我心情也觉得暖。

他问我："你认为我做得好吗？"

我笑："你喜欢平等的伴侣关系？"

他笑："是啊，我喜欢那种能够做自己、绽放自己生命力的女性。我希望能够帮助我妻子做到这一点，做她自己。对世界，包括对我都不要常怀愧疚之心，心境开阔、坦然地过她自己的一生，与我相伴就好。我觉得那样的关系很自在，很美。"

我闻之，愉快地轻点脚尖，"刷"地转了一圈椅子，面朝窗外，眯起眼睛对着阳光，说："是啊，真美。但男权文化里

成长起来的男人，是不是都需要修习一下女性主义才能明白这一点呢？"

他笑："我只是因为当时学校关于女性的课程就只有女性主义，才去修习。即使不修课程，这些也都不难做到，只需要男性平等地倾听，去了解女性与男性的不同，理解、尊重，然后平等相待。"

我问："我还是很好奇，韩国大男子主义文化里怎么会成长起来这样的一个你？或者这跟你的跨国学习和生活经历有关？那我们是不是可以假设，一，在美国的韩国夫妻的平等程度高于在韩国的韩国夫妻？二，男性修习过女性主义课程的韩

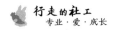
国夫妻之间的平等程度高于非如此的韩国夫妻？又或者这跟你自己的家庭生活经历有关？"

他笑："我们已经谈了一个多小时了，还要谈吗？……你知道我是哈佛的博士，我的时间很值钱的。"

我笑："没问题啊，我是心理咨询师，也是按时间收费的，你刚才也在问我问题啊。而且你是博士生，我是教授……那要不我先付给你，然后你付回给我？我很大方的，会打折扣，不至于让你倒贴。"

他哈哈大笑，神情愉快。

…………

是啊，那些喜欢控制他人、把权力当工具的人一生是不会知道平等的伴侣关系有多美的。

做个好人不行吗，为什么要做歹人？我知道环境对人有多重规制及规训，但每个人，在精神正常、无明显神经症情况下，多少还是有自我选择空间的。

— 5 —
余论

第一，关系中的压迫是多层次存在的。

正如我们开篇讨论过的，关系里的压迫是广泛存在的，不仅限于人际关系，事实上从人际关系，到组织－个体关系，到国家－个人关系，哪里有权力的失衡，哪里就有控制——强势方客观上有控制的条件，而控制产生利益，则其很难抑制对对方的控制冲动——没有权力的反抗机制，难道靠操权者反省吗？概率约等于零。

　　人际中的控制如亲子间的控制、夫妻间的控制、师生间的控制、上级对下属的控制、组织对个体的控制，有时披着福利外衣，很难识别。

　　是否存在控制意图，就看对方是否给人选择空间，以及把它当作部分事实还是全部事实来建构。

　　第二，实施控制一方也可能是制度受害者。

　　施害者的邪恶可能是直接习得的，也可能是心理缺失造成的。不论如何，如果其成长环境是邪恶的，当事人就注定成为受害者。在系列条件作用下，这种受害者就转变为加害者。当这些条件是向善的，比如，受害者若感受到替代善意，则可能被治愈，那 TA 就不会成为施害者；又比如，TA 遭遇的是自我同一性发展良好、社会支持良好的对象，那 TA 也不会在特定情境中施害。

　　我们强调，理论研究往往只有一个视角，但现实中事件的发生是多种条件复合交织的结果，这个逻辑链条上的每个环节都可以成为我们从邪恶的控制关系里撤退自身，或对其实施帮助／干预的机会。

　　行动从觉知开始，本文试图揭示：社会范围内普遍存在的权力分配不平衡的制度性安排，与威权文化、传统伦理相结合，二者如何对我们造成伤害，从而促进读者的自我觉知，离危险更远一点，在关系中体验更多自由、更多自主、更多美好。

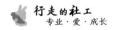
行走的社工
专业·爱·成长

· 我与家庭 ·

家有"捣蛋鬼"，怎么办？[*]

余媛媛

前段时间，我跟一群家长聊孩子的情绪问题，进而聊到孩子的行为问题，有一位家长说的话让我印象深刻。那位家长说道，自己带孩子的时候容易急躁，原因是孩子一有空闲时间就捣乱，甚至专门腾出时间来捣乱，好像把调皮捣蛋当成了一种消遣；感觉孩子喜欢和妈妈在一起，却又喜欢惹毛妈妈，好像是在享受妈妈的训斥。

听到这位家长的话，我和其他参与聊天的家长们都笑了，我脑海中浮现出前几年大火的搞笑漫画"妈妈再打我一次"，难道孩子是在学习恶搞漫画吗？当然不是！

孩子的捣蛋行为让我感觉好笑之余，又觉十分诧异。男孩子调皮捣蛋能理解，但是怎么会有孩子上赶着想要得到妈妈的训斥呢？孩子捣蛋行为的背后，一定不是因为想要妈妈训斥那么简单而又匪夷所思，肯定还有深层次的原因！

---

[*] 任敏承担本文中行动的督导及其内容的修改完善工作。

— 1 —

在"儿童社会工作"课上，老师讲到儿童的情绪认知主题时提到，我们要认识到孩子"不良"情绪的背后是需求。我立即想到孩子们的捣蛋是不是也在表达需求，那具体在表达什么需求呢？

我突然想起自己小时候的事。每晚，妈妈哄我睡觉的时候，总是哼着歌谣、轻轻拍着我，当我一动不动似乎沉沉地睡了时，妈妈就蹑手蹑脚地起床离开，去做自己的事情。殊不知，很多次妈妈想要偷偷溜走的时候，我并没有睡着，如果我睁开眼睛告诉妈妈我没睡，那我肯定要被妈妈质问为什么还不睡；如果我继续装睡，那妈妈就走了。我想让妈妈一直陪着我，怎么办呢？我有一个绝妙的方法：哼哼唧唧，假装身体不舒服，或者做噩梦了。这样妈妈就会继续哄我，屡试不爽！

类比刚刚提到的两个孩子的例子，我们可能会发现：捣蛋孩子/哼哼唧唧的我、妈妈训斥/妈妈哄我，这些行为殊途同归，都指向了一个结果——妈妈关注、陪伴孩子。那我们或许可以推断，在孩子吵闹或者某些异常行为的背后，是他们有深层次的需求，比如想要获得父母更多的关注和陪伴。

为什么孩子渴望陪伴，甚至不惜借助"特殊手段"博得父母的关注呢？依恋理论的创立者鲍尔比（Bowlby，1979）认为，孩童（主要指 0～12 岁）处于依恋期，对父母亲有依恋渴求，会通过一系列的表情或者动作行为，来获取成人的关注和支持，并在这个过程中与照料者之间形成长久、持续的情感联结。健康的依恋关系是安全型依恋，会让孩子获得良好的个

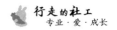

人认知和情绪体验，对孩子以后的成长，例如性格发展、亲密关系建立以及后期学业成就等都有重要的影响，孩子会从依恋关系中感觉到高兴、放松和安慰等情绪。所以作为父母（一般情况下是孩子最重要的依恋对象），需要尽可能地给予孩子稳定、持续、有保证的陪伴，给予孩子安全感。如果亲子间建立的依恋关系不是安全型，而是回避型、焦虑型或矛盾型，就可能给孩子未来的成长带来不良影响。

— 2 —

看到这里，很多家长可能要说："道理我都懂，可是做起来很难，没有那么多时间啊。"是的，在现代社会，大部分家长都需要兼顾家庭与工作，闲暇时间有限，陪伴孩子的时间少之又少。面对吵闹的孩子，知道他/她是在吸引你的关注，你会怎么办呢？

那些家长笑着跟我说："不理他/她就是了，他/她闹得没趣，自己就消停了！"从这里我们可以看到，家长和孩子之间在博弈：孩子通过吵闹来发送信号，吸引父母的关注，希望得到父母的陪伴；父母则采取不予理睬的方式——我就偏不关注你、不让你得逞，看看最后谁能"赢"。

这种方式我们在一些亲子讲座里也听专家提过，"你别理他/她，他/她就不闹了；你越理睬他/她，他/她后面越来劲"。这是有"道理"的，其中蕴含着心理学原理——行为的强化逻辑。如果孩子的不当行为是为了获得父母的关注和陪伴，倘若父母真的屈服，去哄、去抱、去询问、去安慰，那就中了孩子的"圈套"。理论上这种逻辑叫作"正强化"，即父母的关注成为一种奖励，给孩子一种心理暗示，"下次重复怪异行为，父母还会来关注我"，从而形成对异常行为的强化机制（Skinner，1957）。而倘若父母置之不理，则不会形成这种强化的反馈机制，即孩子并不会因此而得到自己想要的，这个方法无效，久而久之，这种行为便会自行淡化、消失。

这种内含了心理学原理且免于"粗暴"的办法看起来比另一种常见的处理方式——打，更文明、更科学，也更有效，所以得到一些专家的提倡和父母们的效仿。这二者看似有差异，但有共同之处，即都站在家长的角度考虑问题，"忽视"或"打"的应用都是从家长的角度出发，目的是帮助家长解决问题，比如让孩子不要打扰自己、让孩子不要在外人面前"丢脸"等，而不是从孩子的需求出发，满足孩子正当的心理需求，如与父母亲之间发展依恋关系等，从而促进孩子的发展。也就是说，不管是应用了心理学原理的"置之不理"，还是下意识地"打"，不过都是以大人的需求来压制孩子的需求罢了。

如果父母真是如他们自己所宣称的那样"为孩子好"，那就应当站在孩子的角度看问题，从孩子的需求出发，一切行为都应当以促进孩子的成长为目的。如果孩子吵闹是为了获得关注，那我们就应当接收到这个信号，努力响应其需求——给予关注和陪伴（当然，孩子吵闹背后也可能反映了别的需求，我们在此仅以常见的求关注需求为例）。

也许有家长会说，"他/她总是想要我陪伴，但是我很忙"，这是客观条件的限制。但是思路不同，回应方式不同，如果重视孩子的陪伴需求，即使我们忙，我们也会以不同的方式回应。比如，当孩子闹起来，我们可以抱抱他/她、亲吻他/她，

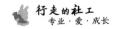
对他/她说:"宝贝,需要妈妈/爸爸陪是吗?我正好还有点工作,给我30分钟的时间,等我完成工作就陪你玩,好吗?在这30分钟里,你正好可以做点你喜欢的。"这样的回应,既及时满足了孩子被关注的需求,又给自己争取了工作的时间,也让孩子找到他/她感兴趣的事情,填充了等待的时间,让他/她过得有乐趣。当然,30分钟后,我们得说到做到陪孩子哦。你若实在忙,那你可以提前约定好在一起玩的时间。其实对孩子而言,更重要的是高质量的陪伴,即专心陪伴,而不是"人在曹营心在汉"。

也许有的家长又会说:"我跟孩子说了,让他/她自己去玩一

会，我过一会儿再去陪他玩，可是孩子不听，就要现在陪他/她玩，不然就一直跟我闹。"孩子的行为不是突然形成的，我们要看到形成某种行为背后的时间序列。这时，家长需要回想一下，是不是自己以前的工作没做好，让孩子一直缺少陪伴，以至于在某个时间点突然爆发，不可收拾；或者以前答应过孩子30分钟后去陪他/她，孩子满心欢喜地等待，你却食言了，孩子不再相信你。如果的确如此，那就从现在开始，尝试在生活中及时回应孩子的小需求，补偿孩子过度缺少的陪伴，跟孩子约定陪伴的时间，提供高质量的陪伴。切记一定不要食言哦。

现在的家长们都很忙，但就像领导要求我们做事，我们创造条件也会完成一样，对于孩子的被关注需求和陪伴渴求，我们也可以有相应的决心和意志。如果我们是真的重视孩子，就应将孩子的成长和我们的职业发展、孩子的邀请和领导的要求视作同等重要。把孩子的需求提高到与领导的需求同样重要的高度，我们必然能找出时间。或许我们不能给予工作和家庭同样的时间和精力，但幸好我们还可以通过高质量的陪伴来弥补时间上的缺失。

— 3 —

当孩子故意吵闹，家长们的应对方式从看起来"没文化"的打骂制止进化到看起来"有文化"的不予理睬，甚至牵扯出"强化"的心理机制，看似获得了理论上的正确性，但本质上都不过是以家长的需求为中心，忽略了孩子故意吵闹、看似讨打讨骂背后求关注、求陪伴等的需求。其实，我们很多家长并非不知道孩子是在求关注，只是我们常常苦恼于没时间陪

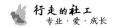

伴他们。我们上文讨论了如何在时间的客观约束下回应孩子求关注的做法。

但就父母回应孩子求关注的需求而言，关键的要素并非时间约束，而是具有本质差异的教育观念：在亲子关系里，是从我们大人自己的需求出发，还是从孩子的成长需求出发。跳出这一议题我们也可以看到，在不同的教育观念下，即便父母付出同样的时间，但做法不同，教育孩子的效果也不同。

任老师跟我们分享过一个她女儿跟她之间的一段对话。

女儿："妈妈，我喜欢你陪我跳绳，不喜欢爸爸陪我跳绳。因为你陪我跳绳，我会进步更快、更大，我还更愉快。跳绳对我来说是个难题，爸爸陪我跳绳，会大喊大叫：'快点给我跳！你哭也要跳！今天跳不到多少下，就别吃饭了！'妈妈，我真的就是边哭边跳，我累坏了。爸爸那样的做法只会把我从绝望推入更绝望，虽然我每分钟跳绳的数量也在增加，但我压力很大。可是你不同，你会说，'宝贝，你已经及格了，接下来就是跳得更多的问题，你每次练习都会有提升的，因为每个同学都这样，多练习就会提升，所以只要你跳了，肯定就能进步。来，你先观察其他跳得好的同学的姿势，你跳绳的时候要放松，而且如果你跳同样的次数但是更少喘气的话也是进步……'妈妈，你陪我跳绳，我果然跳得更多，还更少喘气，我还更爱跳绳！"

然后女儿问妈妈："妈妈，你说是爸爸更爱我，还是你更爱我？"

妈妈："那得问你呀。"

她说:"我觉得妈妈更爱我。"

妈妈:"为什么?"

女儿:"因为妈妈和爸爸都会说为我好,但是妈妈你会从我的角度为我好,而爸爸只是从他的角度为我好。"

童言无忌,但儿童用他们直接的感受告诉我们,同样一句"为你好"之下却可能有差别,这可能是爱与更爱的差别,也可能是爱与不爱的差别,甚至是爱与伤害的差别。

孩子能体会到爱的差别,所以如果我们真是为孩子好,那不妨以儿童为本,多倾听孩子的声音,尽管有时候儿童这种声音是以"扭曲"的方式(比如瞎捣乱)表达出来的。

嘴巴都说起茧，为何孩子总不听？*

李千喜

— 1 —

从"唠叨"始

迫于疫情，弟弟只能在家里上网课，没有了寄宿学校的统一要求，起床上早课开始变得困难，于是妈妈便自觉当起了弟弟的叫醒专员。弟弟的早课七点四十开始，于是每天早上从七点开始，妈妈便像闹钟一样叫他起床。

"七点了，现在起床刷牙、洗脸、吃饭，时间刚刚好，快点起床！"

"再睡一会，还来得及。"

"我再说一遍，七点二十了，只剩二十分钟了。"

"知道了，马上起来。"

"七点半了！！！再不起床就赶不上上课了！"

…………

可最后弟弟依旧还是在七点三十五分左右的时候起床，用五分钟刷牙、洗脸，并在上课期间老师点名的时候慢悠悠地吃个早饭。妈妈和弟弟之间的这场拉锯战从弟弟开始上网课那天

---

* 任敏承担本文中行动的督导及其内容的修改完善工作。

一直持续至今。而每天八点上课、七点四十起床的我深受妈妈这个"闹钟"的影响而不能好好睡觉，最终我实在无法忍受，决定要找他们好好谈一谈以终止这个局面。

还没开始谈话，妈妈便开始抱怨："每天早上叫他起床比什么都难，说了无数遍，从来不听，每次都那么晚起床……"弟弟开始不服气地说："我说了不用你叫我，每次都睡不了一个好觉，况且我也没有落下过课啊。"妈妈反驳说："那我还不是想让你不用那么急，每次都急急忙忙的……"

看到他们又要开始争论，我赶紧喊停。我先问妈妈，"从你叫他起床那天开始他有早起过吗？答案显而易见，并没有；那他有迟到过吗？答案也是没有。我观察了那么多天，发现弟弟每天都会在七点三十五左右起床，其实他也一直遵守着按时上课的规则，不敢迟到。这也说明了你每次说那么多遍起床其实都没有用，你自己觉得生气，弟弟也不会听，只会让我和弟弟都睡不了一个好觉。"

妈妈似乎有点被说服，我又接着说："你想要弟弟不用那么急，但他每次刷牙、洗脸五分钟就足够了，并且还'小聪明'地在老师点名的时候吃早饭，也从未落下过课。"弟弟赶紧附和。

看着妈妈犹豫的样子，我乘胜追击："不然我每天来叫他起床，保证他不会迟到。"妈妈同意了。第二天早上我定了七点半的闹钟，穿好衣服大概快到七点三十五，我到弟弟房间把他摇醒，把手机上醒目的"7：35"给他看："马上上课了，你确定还不起床？"弟弟一看，一骨碌爬起来，刷牙、洗脸，准时地赶上了早课。我的方法立竿见影，效果显著，不仅解决了弟弟需早起上课的问题，也成功地将妈妈从艰难的"叫醒服

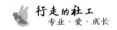

务"中解放出来，妈妈很开心，选择妥协。这场拉锯战最终结束，我和弟弟终于都可以睡个好觉了！

— 2 —

进一步反思

在上"儿童社会工作"课时我又想起了这件事情，并开始有了更多的思考。其实经常可以听到很多家长抱怨，自己说了一百遍，孩子全当耳旁风，左耳朵进，右耳朵出，一点都不听话。但是家长很少会冷静下来去思考孩子们不听的原因，以及怎样才能让孩子们听。

为什么说了那么多遍，孩子还是不会听话？我们又该说什么、怎么说、怎么做才能让孩子听呢？结合自己的经验和思考，我总结出以下几点原因和应对措施。

1. 语气要善，对事不对人

许多父母往往喜欢用命令、威胁或者批评的语气和孩子说话，以大人的优势地位进行权力压制，而不是把自己和孩子放在平等的地位去协商。常见的有："赶紧给我把房间收拾干净！""你再这样，爸爸妈妈就不要你了！""你这个人就是懒，干什么都干不好！"相信很多父母说过类似的话，但是换位思考一下，没有人想天天听别人对自己说这些充满负面情绪的话，孩子也是。久而久之，父母一开口，他们就开启屏蔽模式，父母进而开始责怪孩子听不进道理。

需要澄清的是，说道理≠带有情绪的说教，适当批评孩子是可以的，但一定要就事论事。爱唠叨的父母往往会从一件事牵扯到孩子之前做的种种事情，把各种不满一并发泄出来："你穿个衣服怎么穿半天，磨磨蹭蹭的……去上学也是走路比谁都慢，吃饭也慢……"并且这种发泄最终还伴随着对孩子做一个绝对的评价，并进行人身攻击："你就是懒，又懒又笨，一辈子也改不掉，让你勤快点从来不会听……"孩子听到这些话，干脆破罐子破摔：反正无论我怎么做你都会找出毛病，事情永远不能顺你的心，你不是说我懒吗，那我就懒给你看！

一次批评，孩子可能会愧疚和反省，反反复复的批评，当到达一定限度之后，孩子就会产生厌烦和逆反心理，索性和父母对着干，越说越不想做、不想改。弟弟就曾私下和我抱怨过："有时候玩了一会就打算写作业了，这时候妈妈看见了，

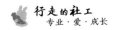

便开始了说教'每天就知道玩，作业从来不会自己写'，一听到这些话，顿时没了学习的热情，我就故意不写，继续玩。"

人的心理上存在"超限效应"（王春玉，2004）。"超限效应"指的是刺激过多、过强或作用时间过久，会引起心理极不耐烦或逆反的心理现象。批评和讲道理也是过满则亏，说了太多遍只会适得其反。

2. 变变花样，多次提醒

为了避免唠叨过多引起孩子的不耐烦情绪，家长在指出问题时，应只针对当下的问题，用尽可能清楚简单的话语来表述，并且最好只是客观描述存在的问题，避免指责和发泄情绪。如果说一遍孩子不听，需要再次提醒的话，不如换个角度，换种说法，孩子才不会觉得自己的一点错误就被揪住不放。

举个例子，如何提醒孩子把玩具放回箱子。

第一次可以说："我们之前说好的，玩过玩具之后应该把它放回到箱子里面。"

第二次可以说："我们马上要睡觉了，玩具也想回到自己的家休息，我们帮玩具回家吧。"

第三次可以说："我们来玩个游戏吧，看谁在相同的时间内收拾的玩具更多。"

从人的角度到玩具的角度，或者转换成玩游戏的说法，比起一直吼着说"赶紧收拾玩具""为什么还不收拾玩具"更有效。

此外，用表扬对的代替批评错的，让孩子更有动力去改正错误，逐步养成良好的习惯。如果在孩子改正不足的过程中，家长随时随地提醒孩子的小错误，一来二去，孩子就只会产生挫败感而放弃尝试。须知当孩子在改正错误时，错误不会一次性改正完，效果是需要不断强化的。但只要孩子改正的方向是对的，我们不妨去鼓励、去表扬孩子的进步，一句夸奖、一个大拇指，都会让孩子更有积极性和信心。

3. 不仅只提要求，还要指明出路

大人往往认为自己下了命令，孩子就该遵照执行，否则就是孩子不听话。殊不知，有可能是我们自己说话方式欠佳，孩子不爱听，或者孩子没法听，因为以他的自控能力、认知能力和行动能力等做不到。

任老师曾举例，如果对孩子说，"4 点前自己把作业一项项地做完并检查完"，到后来你就可能发现孩子并不能在 4 点前完成作业，看起来像是你说了，但他就是不听。但其实原因是他缺乏多项任务管理的能力，孩子是需要帮助的，不是接收命令后就能执行。所以更好的做法是，帮助孩子一起规划并且完成这项任务。"今天要在 4 点前完成作业。首先，我们先一起来看看今天有几项作业，拿一张纸，分条分点写下来。接着，预计每项作业的时间，第一项多少时间，10 分钟可以吗……第五项 25 分钟，那么合计 125 分钟……正好可以在 4 点前写完呢。你觉得这样可以吗？"如果孩子同意，就可以继续说："好，那现在就取闹钟来，每项作业开始前就调好闹钟。现在开始第一项，做好准备了吗？计时开始……Go！Go！Go！"

又比如说，"我跟你说过打鸡蛋的时候要用左手扶着碗，你看看你，说了不听，弄得到处都是"。这也是属于说了没用的情况，小孩子其实还没有掌握这种对于大人来说简单的操作性技能。所以，不如说："孩子，你可以打鸡蛋，但是很容易打的到处是，你要注意，要这样……左手扶碗，固定碗在桌子

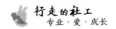
上，不晃动，右手握紧筷子朝一个方向搅动……"这样边做边说，孩子从大人的动作里学习，比单纯说教有用。

— 3 —
请君反思：你说的真的是"必须"吗？

你有没有想过，有些事只是你希望孩子去做，是你的需求，但并不是孩子的需求？比如妈妈希望孩子早点起床，但其实孩子并不一定非得按照母亲的要求提前早起。只着力于满足一方的需求，就会导致另一方需求被牺牲。所以二者的需求要在一个共同的目标上（如准时上课）进行折中处理。

有的家长可能会说："我每次态度都很好，心平气和地和他/她讲道理，可是孩子还是不按照我说的做，即便当时和我说'懂了、知道了'，过后还是会犯一样的错误，这样我还能怎么办？"究其根本原因，大人们认为孩子认识到了就能做到，而且能马上做到，甚至从此都能做到，完全不会再出现我们预期之外的行为了！但是请仔细想想，这可能吗？

实际的情况可能是怎样的呢？

第一，孩子说懂了，可能是迫于大人的压力，实际上他/她并没有懂。就像大人跟小孩子说水烫不能碰，他/她说好，可只有他真的被水烫到了他才能完全明白。

第二，他/她懂了就代表他/她就能做到吗？比如做作业不要磨蹭，做完了一项紧接着做第二项……这是一个习惯问题，习惯的养成都是需要时日的。

第三，孩子从"懂了"到习惯养成是仅靠他/她自己就能做到的吗？不是的，大部分情况下还需要大人的帮助。

所以如此一剖析，我们大人跟孩子们说了就要求他们做到，做不到就加以责备，是不是也挺无理的？

任老师曾经在课堂上说过一个片段，她女儿某天在她的帮助下一反常态高效率且情绪饱满地完成了作业，女儿兴奋地对她说："妈妈，我找到方法了，以后我就能做到了！"任老师嘴上笑呵呵地说："好啊，女儿加油！"心里却想："不，你做不到的，那还需要很长一段时间。"

这提醒我，这才是真正从儿童的客观能力这一实际出发：给孩子时间改变，而不是一味要求孩子答应了就要立刻做到。但我们也会产生疑问，我们难道不应该让孩子说话算话吗？其实这需要依据孩子的客观能力判断他们是否真能做到。若客观能力足够，当然要孩子说话算话；但是如果孩子的客观能力欠缺，我们却用"说话算话"去要求他们而且还不提供帮助，那就是无理的要求。

在上述任老师提到的片段中，一个7岁的孩子信心满满地说她学会了一种方法，从此可以高效好心情地完成作业，尽管老师嘴上笑说"好啊，女儿加油"，心里却说"那还需要很长一段时间"。这是因为她了解自己的孩子一直对做作业很抗拒，那天能够顺利完成是多个条件促成的。一方面是妈妈教给了方法，另一方面是妈妈一直耐心陪伴。但是妈妈知道自己不可能每天抽出几个小时陪伴孩子做作业，当大人耐心陪伴的这个条件缺失了，孩子是否还能继续做到呢？而且孩子的习惯本身也需要时间去培养。孩子的自我认识不准确，认为自己可以从此做到，大人却是不能同样"幼稚"的。

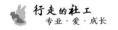

— 4 —
以身作则，身正为范

其实，当责备孩子说话不算话、做作业不高效的时候，我们常常忘记了其实自己也没有做到。我们也常说话不算话，我们做工作也常三心二意，如五分钟就得摸一次手机，到了快交活儿的时候就拼命赶……不同的只是我们没有更大的"大人"在侧批评罢了。

所以在培养孩子的习惯时，我们除了针对具体的行为习惯养成提供具体的帮助/操练之外，自己也要做到说话算话、工作高效、聚精会神不拖沓……以此来形成对孩子"潜移默化"的影响，让他们日日看见，见多自然会模仿。

当然，就教育孩子"说话算话"这件事而言，我们其实还有更多可以说的，比如是谁说的话算话？是父母说的要求孩子的话要算话，还是孩子自己说的话要算话，抑或父母和孩子共同说的话要算话？当父母言行不一致时是否也应当受到惩罚……这些问题都很重要，我们未来继续探讨。

爱你在心口也开：我如何改变弟弟？*

张雨欣

— 1 —

在一次"儿童社会工作"课上的交流环节，任老师带领我们讨论了"夸孩子"这个议题。

在谈到夸孩子的技巧时，大家分享了很多有用的小 tips。比如，夸孩子要聚焦，针对某个事实或成果具体地夸，而非只有泛泛的"今天真棒/你做得真好"；最好用到"过程路径"，一句"你练习两遍后写出的字有非常大的进步"，不仅让孩子体验到被肯定，还能在潜移默化中培养他多加练习的习惯。再如，夸奖虽重要，但也要夸得适度，不能只是夸，要奖罚结合，因为如果只有单一的表扬或不具体的表扬，结果很可能不是使孩子受到激励反而是使其丧失自我判断。

本来我只是例行常规，把技巧都记在小本本上，并未多想。但是最后总结议题时，任老师的一段话打动了我。

她说："我们提倡多夸孩子，这在我们的文化背景下应该说尤为重要，这是在帮助儿童与环境达到一个平衡的状态。因为不论在家庭、学校、社区还是整个社会环境中，儿童都处于

---

* 任敏承担本文中行动的督导及其内容的修改完善工作。

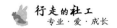

被动、被照顾的地位，这就决定了他们是弱者，没有力量。而我们夸孩子，就是在对他们的行动、想法、能力或某种品质给予肯定，这种肯定就是给儿童注入能量，使他们肯定自己，逐渐地往自我价值感的瓶子里注水，并在这个过程中慢慢变得'有力'。你们去观察，有的孩子就觉得自己什么都能完成，有的却觉得自己什么都不能完成，这就是孩子心上'有力'和'无力'的区别。儿童'有力'，就可以与外界的压力相抗衡，以促进自我发展。"

我曾经也听过、看过很多关于夸孩子的实验和讨论，但是这种把孩子与环境匹配起来考察策略的适用性，以及孩子内心"有力/无力"的说法我还是第一次接触。

当天晚上，我躺在床上，反复琢磨着这段话，不禁想到从前那个无力的自己。儿童时代的我普普通通，没有神童大脑，没有一技之长，也没有美丽的样貌。唯一可以让人夸一夸的，就是一直稳定又不错的成绩。但除了期中、期末考后发卷子的那两天，老师很少在课上或课后夸奖我；爸爸妈妈更多的也是在成绩出来后，以奖励的方式表达他们的喜悦，基本上不会直接夸奖我。

整个小学六年，我最喜欢的场合屈指可数：一是家长会后妈妈和老师交流时；二是逢年过节聚餐，叔叔阿姨们在一起聊自家的孩子时。因为只有在这两个场合，才能听到大人们对我的夸奖，在一旁玩耍的我，总是会努力地竖起耳朵。

夸奖对童年时期的我来说，是奢侈品，同时，它又像灰姑娘的那双水晶鞋，一直"引诱"着我做得好些、再好些，以得到更多的"口头表扬"。我甚至很确定，小学成绩单上的每个99分和100分，很大程度上都是被那些可能得到的表扬激励而产生的。数量虽少，但每句表扬都曾被我反复回味，在大人们的肯定中，我收获了愉悦，对自我有了认同，开始逐渐提升自己的能力，也在日后对自己有了更高的要求和期望。

幸运的是我会学习、会考试，而那些不善于学习、不善于考试的孩子怎么办呢？我们已经成长到足以清楚，不善于考试的孩子也可能非常能干。

— 2 —

我有个正在上二年级的弟弟。在一年级学校上课的第一天，老师进行了两场小测试，而我可爱的弟弟，拎回来的是两张分别只写了 1/2 和 3/4 题目的试卷。最让妈妈头疼的问题又来了，弟弟写作业极慢！限时一小时的试卷，他需要一个半小时才能完成，甚至整个学年期间的考试，妈妈对他的基本要求只有——把卷子写完！

那天我看妈妈的"气压"颇低，弟弟也是兴致不高的样子，就主动提出要陪小家伙写作业。做题的时候，他还是改不掉左抠抠右瞟瞟的习惯，我从电脑后面悄悄地看他一眼，没吭气。因为惦记着上周课上讲的夸奖小议题，等他把口算题递给我，我检查完后刻意清清嗓子，放大了声音："今天的口算写得不错，一个错题都没有。弟弟专心做作业，看，做得又快又好！"

弟弟闻言先是惊，后转为喜，开心地在椅子上扭了两圈，有点志得意满地说："那我要开始写下一项作业啦！"看到他的反应，我内心暗惊，没想到夸一句，这么快就奏效了！弟弟接下来的反应就让我更惊喜了，一张和白天考试题量相同的数学

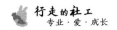

试卷，不到一个小时，他竟然全都做完了。

看着他有点骄傲又有点期待的眼神，我夸张地做出惊讶的表情："怎么今天效率这么高？"

事实上，弟弟在整个做作业的过程中，仍改不掉分神的"毛病"，但我在反馈的时候，有意地忽略其不足，突出他做的好的方面，给出稍显夸张的表扬。那天，结合他写作业的速度和作业的正确率，我在他每项作业完成后都变着法儿地夸。而他竟然用不到两个小时，完成了所有的任务。

晚上，我也在反思，改变会不会来得太突然？这一次作业的高效率完成，究竟是弟弟因为没有完成试卷而有些愧疚，愧

疚感在"鞭策"他更好地表现，还是"夸魔法"在起作用？如果真的是表扬有效，那我们平时是多忽视弟弟这方面的需求呢？想不出答案而纠结的我，决定多观察几天。

在接下来一周的观察中，我一边贯彻着"用心夸"的原则，一边在课上向老师反馈，通过老师的督导，来获得更多的技巧。

后来我进行了很多改进，比如我们共同制定写作业的规则，并一起遵守。在协商后弟弟和我达成一致意见：根据任务量大小，每完成 2~3 项作业，他就可以有完全自由支配的 10 分钟休息时间。又比如通过奖惩结合，来激发他用心完成作业：如果今天作业完成得不错，明天就可以满足一个愿望；如果今天表现得不太好，那么这个愿望能否实现，就要根据明天的情况来决定。

在为自己争取"完成 2~3 项作业"这个较灵活的条件时，弟弟开始衡量自己要做的和想做的，并且利用制定规则的权力来适当地满足自己的需求；在努力做好以达到我们共同的"优秀"标准时，他对自己有了要求，对作业有了责任，也对"行动—收获"的逻辑有了体会。

每当有新的技巧加入，弟弟写作业的效率就能有明显的提高。从以前写完作业就要慌慌张张地洗漱，发展到现在我们还能一起下楼散散步。在这一周的时间里，不论是午间作业还是晚上的家庭作业，我都用这些技巧反复地去"锤"（有意地重复强化以至于融入行为成为习惯）他，而且有意思的是，弟弟会主动要求："姐姐，如果我今天写得又快又好，你也要像之前那样表扬我哦。"一周下来，最开始决定"用心夸"的我，果不其然尝到了夸的甜头。

这为什么会有效，是什么道理呢？在课堂上我们了解到，

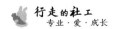

使"表扬"的操作生效是有讲究的，其中经历了三个阶段的变化。第一阶段的认识是要多表扬孩子，这叫鼓励教育；到第二阶段，观念变成了表扬孩子不要泛泛地表扬，而是要表扬得具体；到第三阶段，强调奖惩结合。

而在"儿童社会工作"课堂上，在我们讨论加入社会工作的理论和学科视角后，我对此又有了更深入的理解。

第一，奖惩结合指的是作为结果反馈的或奖或惩，而不是指过程中的表扬和批评相结合。在操作过程中，我们往往要将"刻意表扬长处"与"有意忽视短处"结合起来，即表扬孩子做的好的，而"忽视"孩子做的不好的，这符合焦点短程疗法的原理。我们通过夸张的表扬放大孩子的优势经验，让他的关注点从之前批评模式下的负面/失败经验转移到正面/成功经验上来。我们反复地"锤"他做的好的，即向他的行动模式里持续印刻这种成功经验。

第二，这套"表扬"操作对于那些长期陷于批评/负向反馈模式里的孩子来说更有效。主要原因有二：一是这是与此前不同的模式，对孩子形成新刺激；二是孩子长期被批评，"表扬"本身变成高价值的奖励物。这套表扬在孩子的教育中应有广阔的应用空间。这既说明了一种方法的适用性及其操作细则需要考虑文化背景/底色，也解释了为什么很多家长善于表扬孩子却并没有效果。

— 3 —

周末和妈妈散步时，我们聊到弟弟新学期的变化，妈妈欣慰于他的这些小小的进步，但其变化是怎么发生的呢？

我给她讲了任老师的"孩童有力/无力－赋能说"，把上课时的案例督导讲述给妈妈听，又讲了其中的原理。听罢，妈妈认同地点点头，继而脸上又露出难为情的神情："我们在家很少夸他，你知道的，我和你爸爸都不太习惯这样，一般都会买些东西去奖励他，但要直接说出来，多少有点别扭和不好意思。"

我能理解妈妈的意思，其实，这样的"羞涩"是很多父母向孩子表达感情的绊脚石。三年前我曾看过一个有趣的调查——《中国式家庭情感表达方式调查报告》，结果显示，在受访者中，有三成人赞同"家人之间不好意思说爱"，近四成称"想表达，但找不到合适的方式"（高博燕，2018）。这些年来，这样的调查比比皆是，结果也都大同小异，有人把这叫作"情感表达尴尬症"。

为什么会尴尬呢？这样特别的"中国式羞涩"折射出传统"含蓄"文化对我们成长的双重影响：在内，父母们不直接表达情感，践行"谦虚是美德，批评是鞭策"的原则（负向反馈模式），孩子习惯了这样的交流机制，羞涩逐渐内化；在外，一群相似的人聚在一起，群体规范开始起作用，内敛的人就更缺乏唤醒情感表达的途径，大家成为一个个标准的"羞涩个体"。父母们这样成长，一代又一代的孩子们也受到影响。

但还是要看到，这并不是一个"死循环"。在认识到表扬孩子会带来直接有效的结果后，即使是在开口表达上腼腆，父母们也会选择另一种方式——送礼物/满足需求来达到表扬的目的。但很多时候会由此遭遇"表达爱"的错位问题，即父母觉得我给你买东西就是爱你，而孩子可能认为爱我是夸我、爱我是抱我、爱我是陪我玩。尤其是在完成具体任务上，孩子

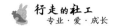

需要直接、即时地通过语言的正向反馈知道自己的完成情况，并获得成就感。而父母可能认为如果他在做作业方面持续一个月表现不错就给他买几个机器人，以此就能激励他。但实际上这都不如"哇，你已经开始学会检查作业，为自己负责了"这样的话语更能让孩子直观感受到自己在这件事上做得很棒。对于情感需求突出且认知和自我控制能力有限的孩子来说，多一些带着爱意的夸奖、多一些在具体事务上的步步引导训练是更对路的做法。

— 4 —

那天晚上散步，我和妈妈坦诚地说出想法后，我惊喜地发现妈妈在接下来的一周逐渐有所改变：虽然表达上还有些许生硬，但她已经开始在生活和学习的细节上给予弟弟更多直接的表扬和情感支持。

总之，经过两周时间，虽然还有"掉链子"的时刻，但整体而言，弟弟完成作业的表现可以总结为"稳中求进"。只是用心、真诚地去夸奖，再辅以一些小技巧，就真的让弟弟在自尊方面有明显的增强，并带动他改变行动，这让我为儿童身上极强的可塑性而惊讶。除此之外，在意识到情感表达的"代沟"时，妈妈的转变让我深深地意识到，根深蒂固的文化习惯不是问题，略显生疏的交流技巧也不是问题，在爱的驱动下，家长也有强大的行动力。

但我们需要对"改变"本身有正确的认知。

第一，改变不是从一个点到另一个点，不是从 0 分到 10 分，而是从一个区间到另一个区间。从之前的 0 ~ 4 分，到后来的 6 ~ 10 分，这就是改变，而不是只有达到 10 分才是改变。

第二，对焦点对象的改变，比如孩子的改变，需要配合环境的改变，比如父母的改变。如果希望孩子的改变能够持续，那么新环境也需要具有稳定性，就像我弟弟的改变也需要我这个姐姐和父母改变从前对他的批评式/负向反馈模式一样。即，当我们要求孩子养成做作业又好又快的习惯时，也要问自己是否能做到将新的反馈方式坚持下来；当我们责备孩子在改变过程中故态复萌时，也要问自己是否没有坚持下去。

第三，改变不是一个线性过程，需要花费时间持续保持，在这个过程中还可能出现反复，这是自然的。但我们很多人总是假定孩子的改变是在某个点之后就从此稳定在新模式上了，这是错误的。因此，需要我们对改变过程有正确的认知，并且提升自身的耐挫力。当遇到倒退，那并不意味着"他一辈子都这样了，不可能改变了"，也不意味着"我做那么多，什么用都没有"。请相信，当你朝着正确的方向去努力，改变一定在发生。

就像我刚开始实施"弟弟写作业帮助计划"时，我看到弟弟变得爱写作业了，我很开心又很疑惑，问老师："太神奇了，难道这就真的改变了？"老师笑着说："是真的改变了，但注意是这次改变了，而不是从此就改变了。事情从来不可能一蹴而就，你注意下，过两天他会故态复萌，但是没关系，你别受挫，坚持去做，他就会越来越好。"

再如，我发现妈妈变了，很高兴地跟老师分享，她又笑着说："嗯，现在'母慈子孝'很好，但过两天链子会崩掉的。但那也没关系，崩掉了，你再帮助接上就是了。总朝着那个方向去努力，就会越来越好。"

— 5 —

在帮助弟弟养成做作业的良好习惯的过程中，让我印象深刻的是老师总说"没关系"，是那种以接受的态度去面对一切情况，即使是倒退。

孩子有坏习惯，那很正常，是孩子都有"毛病"，没关系，我们找到方法去改变就是了；改变过程中有倒退，那也正常，没关系，我们重振精神，再接再厉就是了，直到新的行为模式稳定下来。在这个过程中，孩子成长了，同时成长的还有我们自己。

亲子爱的度：爱让我好烦、好抑郁！

安 琪

假期给小表妹辅导作业，她突然停下笔，有些忧伤地说："姐姐，我感觉我抑郁了。"受到专业影响，我对"抑郁"两个字分外敏感，于是赶忙询问她"抑郁"的原因和具体表现。我猜想，大概是为学习而烦恼吧，毕竟对一个高三学生而言，随着高考时间的逼近，面临的压力与焦虑也逐渐累积，而每一份压力与焦虑都可能成为诱发她负面情绪的导火索。

可她接下来的话却大大出乎我的意料："爸爸妈妈对我太好了……他们每天中午到学校来给我送饭，路那么远，往返两地很辛苦，可他们非要天天给我做饭……"说着说着，小表妹眼眶就红了。

我脱口而出："他们这是爱你呀！"

"可是我不想让他们这么爱我……我真的好累、好难过，他们能不能不要这么爱我呀！"

我心里感慨，多数人听到这番话，估计都会问这是为什么吧。父母这么爱你，你不仅不感恩，还"好累、好难过"。

温馨动人的父母之爱，真的会给人带来如此大的压力吗？

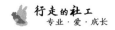

— 1 —

爱让人"烦"：孩子们为何"不懂爱"？

　　在对小表妹看似"大逆不道"的话展开"批判"前，我细细回忆了自己的高三生活。在高三时，我对父母的奉献之爱好像也有一定的抗拒，不想让爸爸每天在校门口接我（高峰时段道路很堵而且要等很久），为此我中午就待在教室里不回家；晚上放学时要是看到父母在校门口等着，我就会觉得很压抑，巴不得快点回去。所幸父母比较开明，任何事只要我要求很多次，他们就会按我说的来，所以到最后，我在高三并没有得到"特殊照顾"，一切都和高一、高二时没什么两样。现在回想起来，父母在高三时没有给予我比以前更多的、额外的奉献之爱（如停下工作陪读、严格按照营养金字塔搭配膳食等），是我高三时期一直保持良好心态和平稳情绪的重要原因之一。

但这是什么道理？难道父母爱孩子也错了吗？爱应该是不嫌多的呀！爱给人带来的难道不是积极的情绪体验吗？那为何孩子会如此抗拒呢？

从父母的角度讲，为了不让孩子分心，自己万事包办，恨不得把饭亲手喂进孩子嘴里，可孩子又摔碟子又摔碗？为了帮孩子把成绩提上来，自己都快把高中课本背熟了，可孩子吊儿郎当还要跳起来和我嚷嚷？

从孩子的角度来讲，爱本身没有错，但是过度的爱、过度干预孩子成长空间的爱确实会在客观效果上适得其反。进入青春期的孩子正处于获得自主感、形成自我同一性的关键时期（Erikson，1969），面对任务与情景时，他们更希望独立地进行自我行为的决策、自我情绪的调整和压力的消化，而非寻求他人的指导与帮助。

在此情况下，父母的过度关注，会导致"对孩子们的事，大人们表现得比孩子还焦躁，比对自己的事情都上心，甚至想要代替孩子完成一些事情"的情形出现，极易造成孩子自我控制感的丧失。父母对孩子事务的自主性替代，不仅会引起孩子的反感与抵触，还有可能造成孩子自我同一性的混乱，进而引发诸如不写作业、乱发脾气等一系列父母眼中的消极行为。但从理论上讲，这些常常被冠以"不孝"、"不懂事"的叛逆

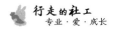

行为，其实正是孩子们捍卫自我独立成长权利、反抗父母"越界之爱"侵占自己成长空间的方式。

— 2 —

爱让人抑郁：我懂父母的爱，但我总是"爱并难过着"

2019 年 9 月，为了探索身边大学生们对"爱"的理解，我在校内邀请了 30 位大学生，开展了两次以"爱的经历与爱的体验"为主题的焦点小组访谈。访谈中我发现，小组成员在描述与父母的故事时大多带有浓厚的情绪色彩，叙述中描述情绪的用词即情绪性用语频频出现。更值得关注的是，根据我们平时的经验，爱应当是闪耀着温暖之光的，爱的经历和体会中也理所应当满溢着快乐、兴奋、激动等积极情绪。而在访谈资料中我们看到，消极的、负面的情绪是组员们爱的体验与经历中重要的组成部分。随机选取部分访谈资料展示如下。

他和妈妈总是变着花样给我准备夜宵，各种粥、饭、汤、饺子、面条啥的换着来，等我吃完洗澡睡了他们才安心。每次看到他们忙来忙去的我就觉得非常难过、非常心酸。

然后她又怕打扰到我做其他事，每次要发视频都要提前在微信上问我。他们的一切活动都是围绕我的生活，我想想就觉得十分辛酸。

高中有很长一段时间我的成绩不好，爸妈压力也很大，当时他们每周放假都要坐很久的车到学校看我，然后要拿很多吃的呀什么的过来，就非常辛苦，但是他们也没有给我什么压力，就是一直在劝慰我。当时看到他们就觉得很伤感、很忧伤，然后心里闷得慌。

这些同学们的父母好像并没有"越界"。他们的奉献行为是我们生活中最常见的、最朴素的爱的表达方式，绝非"过度"之爱。这些同学们也积极地理解着父母之爱。可他们在描述"爱之体验"时，又为何会流露出如此多的消极情绪呢？

其实，父母之爱与孩子回报之爱的不平衡也是亲子之爱失"度"的体现。

高三学生、大学生们开始迈入成年早期阶段，埃里克森八阶段理论认为，发展亲密关系、避免社会疏离是成年早期的关键任务（Erikson，1969）。人在婴儿期为获得信任感、在儿童早期为获得自信感会产生单方向对爱的需求。与此不同，在成年早期，爱的情感体验对个体而言有着更多的社会交换意义，也有更多的互动意义。也就是说，个体会更多地考虑如何回应爱、回报爱，会在体验到爱的同时把自己当作爱的主体，会产生更多有关爱的主动行为。

在这种情况下，如果个体体验到爱而无法在短时间内做出回应（回报），或短时间内想不到如何回应，会出现爱的不平衡感，就可能导致紧张与焦虑，进而引发一系列内疚、忧伤等消极情绪。不少受访者在谈到父母之爱时，对自己不能陪伴在双亲身侧表示心酸与忧伤。这就是"爱的不平衡感"、失"度"之爱引发消极情绪最直接的表现。

父母之爱是无私的、不求回报的，可步入成年早期的、有

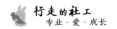

了更强烈责任感的孩子们默默地生发出了回报父母之爱的强烈需求。在这个阶段里，父母之爱有多种多样的表达形式，一顿美味佳肴凝结着爱，灯下的守候充溢着爱……而对于经济尚未独立的孩子来说，表达爱的方式屈指可数。父母总会认为他们还处于资源积累阶段，希望他们把更多的时间、精力、金钱用在自我提高和自我发展上，而不是用于回报家庭，如果非要回报，对于这些父母来说，孩子的自我发展就是最好的回报。孩子想要帮家里干些家务减轻父母负担，父母大概率会说："这些不需要你来做，你要是真的想孝顺我们，就好好学习吧。"几次表达受挫后，代表了孩子们自我发展的"好的成绩"就成了孩子们回报父母之爱的唯一手段。

毫无疑问，对于每个重视教育的家庭而言，孩子"好的成绩"都是最佳的回报方式，可这一回报方式操作起来却并不容易。"好的成绩"并不以人的主观意志为转移，也不是严格地与个人努力成正比。成绩排名的不稳定性也决定了每次考试结束，总有一部分孩子会因为成绩落后而在"回报父母之爱"上受挫。因此，一旦把"爱的回报方式"与孩子"好的成绩"完全画上等号，学业的失败（甚至有可能只是一次考试失误）就会给孩子带来更大的挫折感、内疚感，会更大程度上降低孩子的自我效能感，引发更多消极情绪。如此看来，小表妹口中因爱而生的"抑郁"情绪也就有据可循了。

"我这是爱你呀！"

"我不懂你的爱、无法报答你的爱，也不想要你的爱！"

这样的争吵是很多亲子矛盾最直接的体现。我们完全相信，父母之爱是最真挚、最伟大、最无私的。不过，父母在一心为子女着想的时候，不妨给孩子留一些自我调整、自我管理的空间，不妨尝试着理解孩子们多样化的"爱的回报方式"，而不仅仅是看孩子有没有考个好成绩。

在亲子之爱中，入侵个人空间的爱可能引发"爱的烦恼"，单向输入的奉献容易催生"爱的重荷"；深浅适度、双向流动的爱一定会更加温暖、更加鲜活！

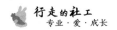
爸妈又吵架，我该怎么办？*

邹若羚

大家都说，家是港湾，是在疲惫时可以休息、难过时可以停留的温暖地方；但家也是战场，是歇斯底里的指责、无数次争吵的爆发之地。在许多人的记忆里，父母"相爱相杀"。不能说父母之间没有爱，但是两天一小吵、五天一大吵的相处模式让家庭更多时候都处在"备战状态"或是"战争状态"。

— 1 —

一个寻常又普通的工作日，我和妈妈本来正就某个电视节目谈笑风生，突然，玄关处传来钥匙开锁的声音。"啪"的一声，门一关，家里气氛突然变了。

爸爸站在门口，他低头巡视一圈，不像回家，倒像视察。"门口鞋怎么这么乱？饭还没做？地这么脏不知道扫干净、拖干净，天天在家就知道捧个手机看。"他的嗓门又大又亮，再夹杂一些难听的话语，像刀子一样从门口往家里刺。

妈妈本来笑嘻嘻地迎上去，要接过爸爸的公文包，结果爸

---

* 任敏承担本文中行动的督导及其内容的修改完善工作。

爸劈头盖脸的一顿骂瞬间让她怒火中烧。她也立马尖声与爸爸对峙："一回来就发什么神经？只长了一张嘴，嘴巴碎得要命，指挥别人干这干那，什么都不满意，不愿意回来就滚！"

爸爸站在门口跳脚："你以为我愿意回？"

妈妈毫不示弱："你以为我想你回？你不回来我最高兴！"

争吵继续升级，我一如既往地溜进房间关上门，躺在床上放空自己，直到外面的声音稍微停歇。

我偷偷溜出门，看到妈妈坐在沙发上低头生闷气，爸爸在厨房里做饭，两个人僵持着，都在等待另一方先"投降"。

妈妈跟我抱怨："真是过不下去了！"

我说："那就离婚好了，你们舒服最好。"

妈妈却噎了一下："你……以为离婚有那么容易？说离就离了？"

我不理解："户口本拿上，去民政局，几分钟不就离了。我现在也大了，你们没必要为了我维持这样的婚姻。"

妈妈没说话，我又去厨房找我爸，他正在给自己炒一人份的蛋炒饭。

我问："既然天天吵架，怎么不离婚？"

我爸勃然大怒："你俩都想赶我走，是吧？"

我无语，又缩回到房间里。他俩既然不想离婚，但又总是吵架，长此以往总有一天会被气出病来，那我能做些什么来改变这种状况呢？我不应该躲在房间里当胆小鬼，也不应该火上浇油式劝架，我需要干点别的来止息我们家的争吵。

— 2 —

第二天，我在"社会工作理论"课后向老师诉说我的烦恼，老师的一段话让我印象深刻："我对吵架的定义是，短时间内高强度的信息交流和情绪竞赛。针对情绪、信息这两个重要的点，我们要一一回应。首先安抚情绪，再对双方吵架的话语中所释放的信息进行去情绪化或低情绪烈度的回应，如此将焦点放在接受对方输出的信息，以及自己想要输出什么信息上，并以去负面情绪的方式去表达，从而将吵架扭转为一次深层沟通。"基于这个定义，任老师又为我提供了具体的介入方式："第一步是回应情绪，理解并接纳双方所产生的消极情绪；第二步是透视需求，从吵架过程中所释放的信息里去寻找双方被掩盖的需求；第三步是重建关系，澄清双方并非敌对关系，吵架只是因言语不当所造成的冲突。如此，就可将吵架逐渐深入转化为一次深层交流，推动吵架双方进行反思与反省。"

我点点头，若有所思，但我作为吵架中的第三人，想进行有效的干预又谈何容易呢？不过，我们课堂提倡"学习专业、自助助人"。所以，我决定试一试。

— 3 —

接下来的周末，我像往常一样返家，刚进门屁股还没坐热，爸妈就又吵起来了。

爸爸把我的书包放进卧室，就开始发脾气："你真是个好妈妈啊，都快冬天了，孩子被子、褥子都不换，落了一层灰，盖个薄被子，感冒了怎么办？"

妈妈冲进来："一回家就发脾气，你有什么毛病？便宜都给你占了，这么爱说也没见你动个手啊？"

爸妈一吵起来，就纷纷失去理智，互相大吼，破口大骂。我真是不想听，本能地想把他们推出房间关起门来。但我突然想起自己在"社会工作理论"课后的决定。首先我要改变自己以往的做法，不是退缩一隅，而是想法去帮助。怎么做？对了，首先要回应情绪！

眼看战况升级，我跳进两人之间，一手抵住一人，连声道："Stop！Stop！"爸妈显然被我的意外举动镇住了，纳闷着生气。

我看看他俩，妈妈明显更加生气。于是，我先握住妈妈的手，言辞恳切："我理解你的想法，别生气了，我心疼妈妈啊。"

妈妈闻言情绪缓和了些，爸爸却怒发冲冠了，骂我："白眼狼！就知道帮着你妈，全是我的错，对吧？"

我扭一下头，深呼吸一下，避免自己也被卷进负面情绪的旋涡。再回头，脸上笑嘻嘻地说："哈哈哈，爸，我知道您是想让我睡得舒服一点，怕我感冒着凉，我其实蛮感动的，谢谢爸爸，爸爸对我真好！"

爸妈都没见过这样的我，完全不按他们熟悉的剧本来啊。他们情绪的升级过程被我打断，虽然两个人还站在原地对峙，但是表情中已存在些许思索和犹疑。

我脑子转动，第二步，从信息角度了解双方的需求，进行焦点解决。

我说："爸爸，我知道你是为我好，担心我感冒，而且觉得家里不太干净，对吧？妈妈平常在家里一个人做家务肯定很累，我又是突然回来的，没想起来换被褥也很正常。而且，她觉得

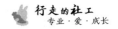

你好像只指挥别人做事，自己什么都不干，她心里不舒服吧？"

妈妈也点点头，说："我不需要他帮我干家务，他不是工作忙嘛，只要回家不要说那么多废话让人心情不好，我就谢天谢地了！"

"爸爸，您看妈妈多体谅你啊，知道你工作辛苦。家里要干的家务那么多，就妈妈一个人干，她没法面面俱到……你也多体谅一下妈妈嘛。"

爸爸哼了一声，接着说："家里能有多少事？你妈她就是懒！"妈妈冷笑。我一看，马上笑着调解："哈哈，妈妈其实有时候是累着啦。那爸爸可以把自己挑剔的地方主动干了，比如说门口的鞋如果没摆好，就动动手把鞋摆正嘛，就几秒钟的事，吵起架来又是几小时，甚至是几天。爸爸这么厉害，肯定随手就做到了。或者我们也可以请阿姨定期上门清扫，省时省力。"

爸爸不服气："这点事还要花那个钱？"

我说："那我们就可以按前一个方法来，家和万事兴，和气生财嘛。还能给我们证明一下你是全能老爸，真是太厉害啦！"

见两人情绪都逐渐稳定下来，我现在可以进行第三步了——重建关系。

我对着爸爸妈妈说："其实我们家每次吵架，都是很小很小的事情，很多时候都是因为表达不当引起的，是吧？"

我捏捏爸爸的手，他难得有些不好意思。

我继续道："爸爸，你不会说话，不会控制脾气，你自己之前也说过，'恶语伤人六月寒'，这话还是你教我的。"

"其实，我们家和睦相处时，还是蛮幸福的。你们只是话不对头就吵起来，吵了之后又后悔，所以只是因为词不达意，并不是心里对彼此有多大的意见。"

"以前我每次跟爸爸吵架，尤其是吵得天翻地覆的那种，你都会在吵完架后的第二天给我写一封厚厚的信，说你很后悔说出那些伤人的话，然后会在信里表达你真正想传达的、之前被怒气掩盖住的意思。"我说，"爸，如果您把那些在信里写的东西用嘴巴说出来，多好啊！人有时候难免有情绪，那就多想一下再说呗。"

爸爸别扭地"哼"了一声，算是答应。妈妈的脸上也逐渐浮现笑意，抱住我亲了一口，说我长大了。我笑着伸手抱住他俩。

— 4 —

几乎所有的家庭都免不了有争吵，无休止的争吵会消磨彼此之间的爱意，不仅对自己和爱人是伤害，而且可能对孩子造成负面影响。

作为人最重要的支持系统之一，家庭发挥的作用不可谓不重要。我已经成为社会工作专业的学生两年了，学习越多，接触越多，再用社工的眼光去看待身边的事情，竟然会有新的认识和体会。以家庭的争吵为例，我们可以努力将争吵变成交流的契机，用任老师的话说就是"吵架要吵出水平，吵得值得"，而不是让吵架只能带来伤害、破坏关系。面对经年的争吵，如果父母都没有能力去反思、去改正，那么我们作为已然成年的孩子，可以主动地站出来用专业知识作为推手，推动家庭关系向好转变。

我觉得任老师关于吵架的定义真的很妙："吵架就是短时间内高强度的信息交流和情绪竞赛"，理性分析吵架，然后基于两个维度分三步进行干预。

当吵起来时，首先是要体谅双方的情绪，及时阻止双方卷入情绪竞赛，从而导致情绪相互震荡，步步升级。其次，协调人需要接纳双方情绪，置于中立立场，与吵架双方建立信任关系，为之后的介入行动奠定基础。

其次，剥离激烈的情绪，揭示各方的需求。在争吵过程中，我们需要拆解、重组双方传递的信息，从而去体察双方情绪背后被忽略的情感需求或揭示彼此的期待。在很多家庭中，很多时候是有爱但不会表达，就像我的爸爸，虽然他的出发点是好的，不想让我感冒，但说出来的话却十分刺耳，点燃战火，然后开始不断翻旧账吵个没完（果然是信息竞争，可以一直从过去说到未来，彼此之间互翻旧账，一浪盖过一浪，绝不认输），但这早已偏离了自己的初衷。很多人不擅长直接表达，却擅长用激烈的情绪、扭曲的话语掩盖自己真实的诉求。

最后一步是澄清吵架本质、重建关系。这也是将吵架转化为深度沟通的关键，是双方反思沟通与重建互动模式的契机。双方在情绪的裹挟下，很容易将"事错了"上升为"人不对"，从事到人展开攻击，而一旦习惯了以吵架的方式来替代正常的交流，并且缺乏反思和改进，就会形成固化的关系模式——这就是为什么很多父母"吵了一辈子"。因此，我们需要澄清吵架的本质。多数情况下，吵架并非厌恶对方，而是双方借着情绪以扭曲的方式去传递信息、表达期待，但对方往往只接收到情绪，为扭曲的语言所刺伤。协调者可以通过深度剖析误解的深层原因，逐渐改善双方的互动模式，从而扭转"两天一小吵、五天一大吵"的局面。

那良好的互动模式是怎样的呢？针对吵架的定义，我们也可以对良好互动进行设想，以信息与情感两个维度为基点进行回应。

基于以上分析，根据上文的案例，可以将妈妈的回复做一个假设。

回复1："是哦，秋凉了，我马上就给女儿换，你也帮忙啊。"（回应信息）

回复2："哎哟，看这当爸的心疼女儿呢，还发脾气了呢？我没来得及，你那么利索的人，顺手做了就是了嘛，女儿更体会到你的爱了。"（回应信息和情感）

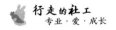

从这两种假设就可以看出，当直接回应对方语言中的信息时，就已经能将"吵架"扼杀在摇篮中了。但如果能回应情感，则更能促进形成良好的互动模式，营造温馨的家庭氛围。

我问任老师这样的回答是不是标准答案，她笑着说："你可以出师了！哈哈哈。"

— 5 —

当然，冰冻三尺非一日之寒，任何行为习惯和互动模式都需要时间去慢慢形成，而改变也必然要经历一个过程，所以在这个过程中我们也当有耐心。

但这次尝试干预的意义在于我开始摸索方法、运用方法去改进家庭沟通模式，运用专业知识去帮助身边的人，把所学内化于心、外化于行。良好的反馈效果也会激励我在助人自助的道路上继续前行。

滴水石穿并非一日之功，改变是坚持在对的方向上一点点地发生的，相信未来总会越变越好！

· 我与同伴 ·

社工的"反着来"法宝

袁劲草

1

上"家庭社会工作"课时，任老师提出了一条"反着来"的社工介入技术。具体来说就是，不走寻常路，出其不意，非不按照你所设想的情况那样反应，指哪不打哪，让你的计划扑空，这个"扑空"就是为与之建立关系所开的口子。

课上闻言，我心中纳闷，这不是偏离、无理取闹吗？怎么能成为一种技术应用到社工服务中呢？但敏敏老师接下来的一段话让我恍然大悟，也为我开启了一个新世界的大门。

我们其实可以有较大把握地假定来寻求我们服务的人，往往都一定程度地存在环境适应不良的问题，其中人际关系不良的问题最为常见。

当案主来访时，我们首先要迅速与之建立关系。你要问应该怎么做呢？有没有万用的原则呢？这里我就建议"反着来"原则，即当你不知道怎么反应才合宜，你就给他与生活里常见的那种反应模式相反的反应。进一步说，作为一个新进入对方生活场域的人，我们不妨先观察他在生活中遭遇的主要反应是什么，那往往形塑了他对他人反应的预期，包括对眼前社工的反应的预期，那这时候我们就要注意打破他的预期，以相反的方式去回应，出其不意，给他一种印象：看来，眼前的人不一样，由此激发起他的好奇心，一旦他好奇，就会对我们产生兴趣，也就会对我们敞开沟通之门，准备接受我们了。

总之，在服务中，我们社工要避免使用案主生活中常见的互动模式，让"反着来"原则成为我们构建良好专业关系的纽带。为什么？因为根据我们的假定，案主很可能跟环境的互动出了问题；或说环境施加于他的反应模式有问题，或者给他很大压力，或者反应模式对案主适应环境毫无益处，甚至可能带来伤害。那么我们不如反其环境之道而行之，为他当前可能失衡的关系施加一点反向的力量。

顺着这个逻辑进一步说，"反着来"原则不但在服务初期建立关系中有效果，而且在个案服务中一样可以帮忙哦。我们在"社会工作理论"课上学习这个那个技术，当你作为一个服务新手，面对一种新情况陷入迷茫时，"方法千万条，不知选哪条"，不妨基于对案主生活中关系的现场观察或经谈话分析，总结他在日常生活情境中对人对事的行为方式与反应方式，然后采取"相反"行为或反应的方法，就可能为对方开启一扇改变之门。

这是什么道理？我们刚才说过，可以假设案主存在环境适应不良的问题，那是他们来寻求或说接受我们服务的原因。好，我的问题是，那你们认为案主们为何会适应不良？一种解释是他既有的行为模式和反应模式在帮助他适应环境上是无效的，或者说是反效果的。在这个逻辑上，我们就可以尝试反方向给建议，其中蕴藏着改变的可能性。这就好比你身体出毛病了，去医院，医生先问你的生活方式。"哦，你日常饮食重油盐、高糖，还晚睡啊，难怪身体出毛病呢。"接着，他就会建议你少油、少盐、少糖，而且早睡。当然，我教过你们"方法千万条，你哪条合适用哪条"，如果你也不确定哪条合适，且不知道怎么回应，就用"反着来"这条吧。

"专业关系""专业服务"……我聚精会神地听老师讲着，逐渐理解了"反着来"技术在社工服务领域的应用场景及其发挥作用的机制。如老师所讲，在专业关系上，我们如果摒弃生活中常见的互动模式，例如对待孩子以平等交流替代教导、对待残疾人以尊重替代歧视，就能迅速获得案主的信任，从而建立牢固、良好的专业关系，为我们后续的服务奠定关系基础。在服务方案上，案主之所以成为案主，是由于 TA 在生活中遇到了自己现阶段无法解决的困境，那我们在制定服务方案时，如果跳脱案主原有的行动逻辑与关系模式，反而更有利于案主摆脱自身困境，"反着来"确实为案主提供了一个简单却有效的服务方案。

这简直是优势视角、叙事视角等多种理论结合下所产生的实用性高、操作性强的技术之一！当我还在为这个技术的可用性所惊叹时，敏敏老师的另一段话又让我开始了对这个技术的深入思考。

"反着来"不仅能应用在社工服务领域，也可应用到我们生活中，可以成为一个人际关系管理的技巧，同学们不妨试一试。

— 2 —

又是收获满满的一堂"家庭社会工作"课。下课后，我脑子还停留在课上老师所讲的知识中，身体却已和同伴社工小王风风火火地奔上地铁，远赴汉阳的七里小学，参加下午面向小学家长的讲座——我们正在那里实习。

到达目的地，距离和督导约好的时间还有一会儿，当地的小王就带着我在她母校附近找地方吃饭、闲聊，聊着聊着我就陷入了童年的回忆，一晃眼自己就从叽叽喳喳的小学生变成了话还挺多的研究生，感叹时光飞逝之余，一位小学同学的笑容也跃然脑海。

我："你觉不觉得我们小学的时候好胜心和攀比心都很强？就比如，你说了一件很厉害的事情，我就要说一件比你更厉害的事情来凸显我的厉害。"

小王："是的，小学的时候，如果我说我的爸爸能一口气喝 1 斤水，那肯定有人说他的爸爸一口气能喝 10 斤水，我还会暗暗气恼，为什么我的爸爸不能一口气喝 10 斤水，他害得我输了？"

我："哈哈哈！很真实了，所以我才想到了一个小学同学，他真的很奇妙，他似乎使用了我们今天学的'反着来'技术！我跟他说，'你看这次考试这么难，我还考了 98 分'。他的表情突然很认真，回复我：'哇，那你好厉害啊，这么难你怎么可以考这么高的分，好棒啊！'说实话我第一反应很懵，好像我潜意识里认为他会说'这算什么，我还考过 100 呢'，而在那之前我从来没有被同龄人这样夸奖和鼓励过，所以我那一懵而后温暖的感觉，现在都还能清晰记得。"

小王："这么小就会用'反着来'技术了？所以，他才会让你记忆这么深刻。"

我："对！还有一件事，他也表现得很奇妙。他家里有一个粉红色的水晶爱心摆饰，有一天他带来学校玩，我觉得晶莹剔透的很好看。他说，他是男生，不喜欢粉红色的东西，所以我就问他能不能把这个小玩意送给我。他答应了，然后次日我问他要的时候，我明显看到了他脸上的犹豫和不舍，然后他想了一会说'你让我和水晶道别一下吧'，我说"好"。结果你猜怎么着？他把那个水晶放在嘴里很夸张地亲了一下，拿出来，水晶上全是口水，然后要给我……我又愣住了，一脸懵，他问我：'还要吗？'我说我不要了……小时候不觉得，还以为那是他特殊的告别方法，现在想起来就是被他耍了！"

小王："哈哈哈，真的是一个'宝藏男孩'！这种办法都想得出来，一个反转，又完美甩锅给你，是你自己不要的喔，不是我不给。"

我："哈哈哈，是的，真是太坏了！但现在想起来，他在我的印象中是一个很阳光，也很能给人安全感的人。对了，我差点忘记！他其实还有一个特点，他用左手写字，因为他的右手有一些残疾，还挺严重的，无法康复的那种。"

思绪飘到好久好久以前，那个男孩一脸笑容，主动让作为同桌的我看他的右手。我问他，"我这样碰你的右手，你会不会疼"。他说，"不会啊"，还让我在他右手的固定石膏夹板上写字……

小王："你有没有发现，其实你在谈到这个男孩的时候，第一反应居然不是他这么明显的特点——右手有残疾，而是两件特别有趣的事情，在说完这两件事情以后，陡然回想起来，他还有一个更为明显的特点。"

我："你说得对，居然会这样……"

可为什么会这样呢？为什么我对他的印象如此深刻？难道是因为他"反着来"？或许我已经找到了"反着来"技术在生活中的应用场景之一了。

在大家普遍处于攀比和炫耀的阶段时，他却能真诚地鼓励、夸奖同伴；在社会对残疾人抱有同情的态度时，他却不自怜，平等地与他人相处，或狡黠，或开朗，或耍赖，真实地做自己。也正是"反着来"技术在社工专业关系上的迁移，他撕破年龄标签、残疾人标签，打破固有的互动模式，反而令人印象深刻。

可见，除了有其重要的专业价值，"反着来"技术对于个人而言，也是一种印象管理策略。当你在面试、工作时，不妨"反着来"，一定能让 HR 经理耳目一新。当然，你"反"的路径不同，HR 经理"新"的感受也不同，但要切记千万不要弄巧成拙！

— 3 —

"反着来"技术将我的思绪逐渐拉回到大三下学期的考试周。

这个考试周好像和以往也没有什么不同，都是背书、写论文等，但好像也有不同的意义，因为这是决定我是否具有保研资格的最后一学期。处于外保边缘的我，在这两个月中将自己逼入了"备战状态"。

我开始每天逼迫自己背书、逼迫自己学习，甚至牺牲晚饭时间来延长学习时间（其实学习时间是够用的），让自己陷入低迷的情绪，并自认为这样才能够静下心去学习。

因此，每当我跑神时，都会在心里批评自己一顿："都什么时候啦，还跑神，你怎么这么不争气！"但厌恶自己却于事无补，跑神仍会时常发生，自我的不满情绪也逐渐积压，甚至陷入了"跑神—厌恶自己—跑神"的恶循环中，注意力高度集中的时间也越来越短，复习效率低下，很多时候其实是无效的。

这样的情况一直持续了一个月，直到正式进入考试周，我返校。当我继续以这样的状态复习了一周后，室友小孙终于觉

得我有些不太对劲，于是主动和我交谈。

小孙："你最近怎么啦？感觉状态不太对呀，在寝室也不说话了，脸上的笑容也少了，是发生什么事了吗？"

我："最近不是考试周嘛，这次的考试对我来说很重要，关系到保研，可能是压力大吧！"

小孙："这可不像你啊，以前考试周的时候，你每天都很开心，还会跟我分享你的学习收获，这次是怎么了啊？"

我："怎么说呢，我这次好烦，我根本就学不下去，学习的时候老跑神，我好讨厌自己啊！"

小孙："跑神不是很正常嘛，人的注意力本来就不可能时时刻刻保持集中，你对自己的要求太严苛啦！"

我："你不懂，这次考试对我来讲太重要啦，我必须时时刻刻认真，才能更有把握考得好。"

小孙："好吧，那你做到了吗？你复习的效率更高了吗？"

我心里咯噔一下，闷闷地想："自从我抱着这种想法，我的复习效率好像越来越低了。"

她见我有些迟疑，继续说："既然情况已经这么糟了，不如放手一搏，接受你跑神这件事，合理安排复习时间，说不定还会有更好的收获呢！你现在也没有其他的办法了，不如试试？"

我忽然释然了，对啊，反正已经这么糟了，也没有其他的办法，我不如放轻松一些，按照我以往的考试周复习方法，悦纳自己的跑神，多一些休息与娱乐，劳逸结合，是不是会更好？反正不会更差啦！于是，我开始了我以往的休闲复习法，困了睡、累了玩，跑神了就跑、不跑时认真学习，正常休息、吃饭。惊喜的是，这种"破罐子破摔"的方法，让我在最后取得了不错的成绩，并且成功拿到了保研名额。

　　当案主来访时，不妨跳脱案主原来的行动模式，"反着来"
制定案主服务的介入方案。当我们在成长过程中，遇到挫折、
困境时，也不妨"反着来"，转换思维，放手一搏，说不定会
有别样的收获。

　　这也让我联系到网上的热词"佛系""躺平"等。当在
"内卷"的旋涡无法自拔时，当快节奏的工作学习侵蚀我们的
自由时，"反着来"去尝试一时的"佛系""躺平"，何尝不
是追寻内心平和、生活平衡的独特方式呢？只是这只能是短暂
的，哪里能躺得住呢？躺平一会儿不过是为了更好地"站
斗"——站起来继续奋斗。

— 4 —

　　"反着来"技术是在多种理论指导下，基于现实困境，进
行逆向思维所形成的介入手段，适用于社工服务的专业关系与
服务方案上。正如社工专业是生活系统与专业体系的结合，
"反着来"技术从理论上也可迁移至个人成长发展及多生活场
景中的应用，其可迁移性在于方法的通用性，而这背后的内在
机理则是"反着来"技术的观念——颠覆以往无效甚至产生
损害性后果的行动和反应模式的逆向思维。

　　作为社会工作者，我们在建立专业关系、提供专业服务
时，如果遭遇了"纵然方法千万条，一时不知选哪条"的
"卡壳"状况，不如试试"反着来"技术，这可能会开启案主
的改变之门。但"反着来"技术的应用范围比专业服务广阔
得多，它同样可以作为你摆脱生活中关系困境、开启新关系乃
至给他人留下深刻印象的一个法宝哦。

拿什么拯救宿舍生活？[*]

白杨树人

室友，一种从你进入大学集体生活的那一天开始就不断对你的全身心发起挑战的人物。基于对诸多不同宿舍生活片段的采样，我们一起来"畅想"下你和室友"平凡而又不平凡"的一天吧。

早晨，你突然发现室友的快递盒已经多到出现在你的桌子上，他本人正在刷牙，而你却找不到你的牙膏了。哦！原来是被他拿去用了。他头也不回地对你说："喔，借你的牙膏用一下嘛，我的用完了。"你还没完全睡醒，但心中的无名怒火已在熊熊燃烧。走进厕所，发现昨天就装满了的、这次轮到他倒的垃圾依然堆在墙角。你第三次亲切地提醒室友出门时记得把垃圾带走，他漫不经心且有点不耐烦地"嗯"了一下。就在当天的晚些时候，你看到了他发的一条朋友圈："一件事说八百遍，真啰唆！"没有屏蔽任何人。

中午，下课铃声刚刚响起，他正好给你发了一条微信："帮我带一碗面回来呗！谢啦。"当你带着他点的面回到宿舍的时候，他正在和朋友打电话，场面热闹到你以为在演小品。

他看见你回来了，接过你手里的面，给你使了个好似"谢谢"的眼神。你吃过午饭就开始犯困，想去睡个午觉，但是室友和友人的电话没有要结束的意思。

下午的课结束后，你俩如往常一样一起去吃饭，他一路上都在玩手机。"走路低头玩手机不仅危险，而且如果有同行的人，这很没礼貌。"你虽然这样想着，但这句话依旧只是在你的脑海里说给自己听。回到宿舍之后，你发现洗衣机里多了一堆衣服，你不用想也知道这些一定是室友洗好没收的衣服。你又一次亲切地提醒他把衣服收一收，而他的回答出乎你意料："谁的衣服啊，反正不是我的。"

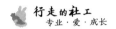

你想着明早一二节有课必须早起，准备两眼一闭结束这乱七八糟的一天。正要跌入梦乡时，寝室的门被"咣当"一声打开，他走进来，"啪"地打开大灯，你的睡意瞬间消失殆尽，心里已经极度窝火，但还是碍于面子无法爆发……

故事中的"你和室友"是两个性格不同的人，这个寝室中表面的和谐也完全是因你的"客气"和"忍让"才勉强维持的。但显而易见，这样的客气也只能用来维持表面的平静，平静之下却蕴藏着矛盾随时大爆发的危机。

我们的"社会工作理论"课程提倡，将所学理论用于实践。但作为学生，我们有时候真不知道如何着手去实践。

一次下课后，我把这些宿舍生活片段说给任老师听，我说："有些人真的很不考虑别人的感受，比如我跟他说了要熬夜赶作业就用小灯，考虑下第二天有课要早睡的人。结果说一次不听，再说就会吵起来，感觉这种情况就只能忍了。"

老师呵呵地笑，说："是的，寝室生活是比较难。一般来说，要么吵要么忍，非此即彼的思路是无法很好地解决与室友相处这一问题的。你总是忍让对方，让对方的需求凌驾于你的需求之上，终究会导致你的心理失衡，破坏关系。真要长久地解决问题，就需要把当事双方的需求放在同一个框架内考虑、置同一个平台上处理。你可以试一试我们学的专业技术啊。比如那件事情，晚上你正在睡觉，而室友进门就'啪'的一声打开灯晃到你的眼睛，影响到你睡觉，这时你能做的其实远不只隐忍。作为社工我们可以有更好的解决办法，比如建立好的关系，而不是情绪对立进而导致关系对立。"

我有些不解，如何建立好的关系？

老师继续说："比如，下次如果你想睡觉而室友进门开灯时，你可以先同理对方的需求：'今天是不是又有很多任务要熬夜？如果熬夜，那能不能关大灯、开小灯？我需要早睡，明早有课，但我睡觉的习惯不太好，灯晃着睡不着。如果你觉得开小灯光线不足，那能不能只开一边的大灯？如果你近期一直需要加班，明天我就去给自己买个眼罩。'"

这段话里包含了几个重要方面：第一，双方的需求都体现出来了；第二，双方的需求是交织表达出来的；第三，需求间有一个协商平衡的过程；第四，也是最关键的，你放弃了一种大家惯用却基本无效的思路，即"到时间了大家都该睡觉，室友进来就开灯既违背共识，也没有考虑到别人，那就是他的错"，而你出于维护宿舍和平或者展现个人修养而没有责怪他。我们有一种思维——对方的错对方就要负全责，但我们应该明白，问题的本质是双方需求存在冲突。这种不同的思维其实就是在你俩之间建立了一个责任共担的关系，基于这样一个双方共担责任且共同致力于平衡满足彼此需求的关系，你和室友之间的需求博弈就会朝着良性互动的方向发展。

我突然意识到，也许这些片段里的每个"我"都没有真正和室友相处过。共处一室的双方只是为了维护表面和平而客气地相处，但没有照顾到彼此的需求，这种客气也只能是"假客气"。在社工看来，冲突解决的切入点就在于建立关系，而建立关系的第一步就是主动照顾对方的需求。

虽然我心里还是有一些犯嘀咕，但是我决定亲自去实践一次。我做社工，干预对象是我的室友，或者说是我们之间的关系。

第一次实践是在一个周三的夜晚，我准备洗衣服。如往常一样，打开洗衣机时，映入眼帘的还是室友洗好没晾的衣服。当我习惯性地准备把衣服捞出来随便扔在一个盆里时，我想到

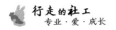

了老师的话。

　　于是我走回房间，看见室友正在电脑前码字，我想到他选修的课最近正巧有一个中期任务。本着先照顾他需求的原则，我关心道："还在写这个作业吗？这课挺难搞定的啊。"一击即中，他开始诉说这段时间自己有多不容易，这门课有多麻烦。当我在照顾他的需求的时候，我突然发现他原来有如此丰富的情感表达，我感觉晾衣服这事不再是最要紧的了。虽然如此，可我也不能耽误洗衣服啊。

　　这时我假装突然想到要洗衣服，说："对了，我好像还有衣服要洗，你要洗衣服吗？"在我的"提醒"之下，他想起了自己的衣服还在洗衣机里，赶忙说："不好意思啊，我先去晾一下衣服。"然后我赶紧说："没关系，我也会忘记晾衣服的。不然我们把衣架就放在洗衣机旁边吧，这样洗完衣服可以直接晾，而且还可以起到提醒我们晾衣服的作用。"说罢，我就从我的衣柜里把衣架都拿到了洗衣机旁边。他见我既没有怨他还主动行动想要解决这个问题，有些不好意思，也答应了我的提议。

　　这之后，即便他有时还是会忘记及时晾衣服，但是扭头一看到那些衣架就会想起衣服还没晾，随即主动去晾。在这次尝试中我也反思到，我将室友的情感引导出来后没有很好地回应，但在总体上，我的诉求实现了，即建立了寝室洗衣机使用秩序。

　　在这次实践之后，我越发能体会到与室友建立关系的根本目的是大家能有一个更舒适的居住环境，减少共处一室的双方对彼此生活节奏和生活习惯的挑战。所以为了逐步达到这一目的，可以以一次开灯、一次倒垃圾、一次打扫卫生为契机，从自己开始，主动迈出第一步，尝试以照顾对方的需求为出发点来做出改变，同时可以满足自己的需求，最终试图建立一个责任共担的发展性关系。室友开灯也许是因为他还有任务要完成、室友没有倒垃圾也许是因为他有其他更紧急的事情要先做、室友不愿意打扫寝室卫生也许是因为他觉得这是公共空间大家应该一起打扫……

如果我们先考虑并照顾对方的需求，并且以此建立起沟通的桥梁和长期性的责任共担机制，那么对方也会感觉到自己的需求在这样的关系和环境中是可以被满足的，进而也愿意去满足我们的需求。当寝室中的各方都对自己的需求被满足有信心的时候，照顾别人的需求就会变得容易。有了这种良性循环，宿舍中的每个成员就能实现需求共存。

但是需要注意的是，主动照顾对方需求的同时也要照顾到对方随之而来的情感表达。我也反思自己前述的做法：我之所以没有照顾到对方的情感表达是因为心中还是装着自己的需求，下次我会提醒自己真正去关心他——因为诚意不足的转移话题并不是一个合适的方式，总如此反而可能导致关系中的怀疑和不信任。

进一步说，我们建立生活中良好关系的思路是：当利益冲突发生时，避免做道德评价和人格归因，而是关注其中多方的需求冲突和需求协调；当冲突不能得到协调时，不是单单责怪一方、希望一方完全承担责任并做出改变，而是双方共担责任，一起去解决这个彼此的需求冲突问题。

大学室友需要相处四年，所以真心相待才是相处之道，这也是需求博弈、协调共赢的更佳结局。

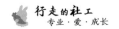
行走的社工
专业·爱·成长

· 我与TA ·

从我到你，转变立场，有效吵架

任 敏 鲁思煜 苏 雯 李千喜

我们相爱，但我们也吵架。每对情侣在相处过程中多少都会碰到意见不合产生矛盾的时候，而缺乏技巧的沟通又常常会引发争吵，难免让人感到"累觉不爱"。

那么吵架给恋爱双方带来的影响全都是负面的吗？不是。心理学相关研究显示，人们在共同经历大强度的情绪起伏后，更可能发展出深入的关系。所以，一般来说，想要建立真挚的、深刻的、牢固的恋爱关系，就需要双方在困境中互帮互助，在吵架的过程中相互磨合、不断适应。吵架是不可避免的，但吵架是能够增进感情的——如果你处理得好。

但，怎样才算处理得好呢？

本质上，可以视亲密爱人之间的吵架为"彼此的诉求冲突"：我有我的诉求，你有你的诉求，往往当二者不协调时，争执/吵架就发生了。而能否处理好吵架，取决于两点：短期来看，是我们在关系里协调彼此诉求的方式；长期来看，是协调的结果。

— 1 —

我们常吵架，却又总处理不好它。总结一下，这种无效的
"沟通方式"有以下几种。

（1）不表达型

C 同学和她的男朋友曾发生冲突。

"我总是希望他多留一点时间陪我，最好除了学习之外的
时间都给我。他一开始还很配合，会陪我自习、吃饭。后来我
想和他出去玩，他却推脱说自己还有很多学习任务。我觉得他

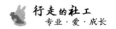

不在乎我，又不想明说，就对他比较冷漠，希望他能发现我的心思。他最初还很有耐心，可后来也被我的态度弄烦了，觉得我又不理解他，两个人为此吵得很厉害……最终还是他妥协来哄我，但我还在气头上，没有接他的电话，也没有回复任何消息，直到他来宿舍楼下找我，我才和他说话……其实我知道吵架不好，不理他也不好，但我不知道怎么办，只能这样'威胁'他，希望他按照我的想法来做。"

C 同学属于当关系双方诉求有冲突时，典型的"不表达型"当事人，这也包括掩盖型，或者扭曲表达型。

例如，男生关心："你怎么了？感觉你心情不太好，我惹你不高兴了吗?"

女生表面上说："没事啊，我很好，不用管我。"内心却在埋怨："气死我了！快来哄我，没看出来我现在很生气吗?!"

此时，男生舒了一口气："哦，那就好。"

女生却独自黯然神伤："他什么都看不出来，他一点也不了解我，他果然不爱我……"

就像电影《我的少女时代》里的女主角曾说："女生说没事，就是有事；女生说没关系，就是有关系!"很多时候，女生吵架时不喜欢直接将自己的诉求清楚表达出来，而采取反向表达，甚至什么都不说直接冷战的方式；或者极为隐晦地表达出来，希望对方猜出自己的心思，就像案例中的 C 同学。显而易见，这种沟通方式的结果就是，往往对方不明就里，自己就感到气愤和伤心，使对方更不知所措，在一次次猜测后失去耐心。

对于不表达诉求型的人来说，他们的行动大多基于这样一个假设：如果他爱我，那他就应该明白我的心思；如果他猜不出来，那就是他不够爱我，甚至不爱我。

但客观地说，"爱我"和"能猜出我的心思"之间没有必然关系。须知，多数男生和女生不仅思维方式不同，看待问题的角度也不同。比如男生多是直线思维，说什么就是什么；而女生多是曲线思维，往往用暗示代替直接表达。

这种思维方式的不同既跟性别无关，也跟性别有关。说无关，是因为直线思维同样体现在部分女性身上，正如曲线思维同样在男性群体中存在一样；说有关是因为，从概率上看，以曲线思维表达关系诉求的方式于女性群体中更常见，但这与其说是先天生物性性格倾向决定的，不如说是我们的文化集体塑造出来的。这跟我们文化里鼓励女孩等待，不鼓励甚至打击女孩主动、坦诚表达自己的"欲望"和想法有关。

（2）不当表达型

①纠缠于对方的反应型

女生 A 想跟男友 B 讲一件事，在微信上问对方："在吗？"男友没回信息。

A 越等越生气。

过了一个多小时，男友回信息问："啥事儿？"

A："你为什么不回我消息？"

B："我刚在打游戏，没法回。"

A："你什么态度啊？我影响你打游戏你不满意了？"

B："你别这么说，打游戏真分不出精力回消息。"

A："你怎么这么不耐烦？我发现你总是敷衍我，你什么意思啊？"

B："你究竟要跟我说什么嘛？"

A："不想跟你说了！"

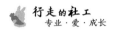

B:"……"

以上这段对话可能在情侣的日常相处过程中时有发生，乍一看是 A 同学在耍小性子，但如果我们仔细分析她的说话方式就会发现，在与 B 的沟通中，A 把过多的关注点放在了对方的反应上：A 在发出谈话邀请后，男友的不及时回应导致 A 情感受伤、情绪不良；当男友来沟通时，A 的诉求变成了发泄情绪，而忘记了最初的目的是和男友聊某件事。结果两人吵架，情绪发泄完了之后，A 想起来原本的沟通诉求并没有实现，又临时失去了好好沟通的情绪基础，自己主观上"不想讲了"，这客观上又会反过来加重 A 自己的受挫情绪，因为事情没有沟通，诉求也没有表达。

在这个案例里，A 有一个初始诉求，一个后续诉求。但是因为表达方式不正确，两个诉求都没达成，导致关系僵化。

②指责型自我诉求表达

"你总是这样。"

"你根本不在乎我的感受。"

"你又不陪我。"

…………

当我们看到这些短句可能会感到不适，没有人会喜欢被指责。道理很简单，正向评价往往可以给人的行为带来正向激励，从而使其保持愉快的心情继续其行为；而负面评价则容易让人对自己的价值产生怀疑。

为何这些表达被称为指责型而非指出问题型呢？因为指出问题是有具体指向的，但指责是概化的、整体性的打击。其实这些短句都源于未被满足的诉求，但表达出来后就归于概括化的指责，最终导致诉求未被表达，还破坏了关系。

比如"你又不陪我"背后的意思是"我需要你给我更多的陪伴，可是目前你还没有做到"，而"你根本不在乎我的感受"则是渴望对方能够理解自己的情绪。

我们鼓励真实地表达诉求。考虑到每个人性格和思维方式的差异，我们很难真正地感同身受，而真实表达诉求则能帮助跨越交流的鸿沟。然而，我们需要注意表达诉求的正确方式，掩藏在指责背后的诉求不仅很难让人直观地感受到，也会给对方带来较大的负面情绪与情感压力，这显然不利于问题的解决。

— 2 —

如果说吵架是技术活儿的话，那有技术含量的吵架该怎么进行呢？我们以下讨论四种方法，这四个方法具有累进的逻辑联系。

（1）平和直诉法

吵架不可怕，可怕的是我们不知道为什么而吵，徒然让无效争吵反复损害伴侣间的感情。但是究竟为什么吵架呢？我们吵着吵着就常常忘记了这一点。

吵架，我们可以将其定义为一种"短时间内高强度的信息交流和情绪竞赛"。也就是说，吵架其实是信息交流活动和情绪释放活动，"平时说不出口的事情和对对方的意见，可以借吵架之机尽情地表达"，所以吵架本质上是为了促进沟通、解决问题的。吵架吵到不能解决问题，反而成为问题，是因为这种信息交流目标不明确，总弥散地发送信息、宣泄情绪，走向无效交流，导致的结果就是伤害关系，而非加强沟通。

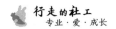

要实现沟通，需要我们在关系里建立两个假设。第一，对方是不明白我的，所以需要我尽量完整地去表达，而不是假设对方明白我，或者应该明白我。第二，对方如果理解了我的诉求，是愿意去满足的，而不是倾向于否定和打击。只有建立了这两个假设，我们才可以做到平和、清晰、不隐藏、不扭曲、大方地表达我们的诉求。

比如 C 同学想让男朋友多陪陪自己，与其拐弯抹角地暗示对方，不如大方地说："我希望你在完成学习任务之余，可以多陪陪我，我想多点时间与你待在一起。"或者直接说："我觉得，你花太多时间打游戏，可是相对来说陪我的时间太少。"

如此就不会出现情绪化表达掩盖内心真实想法的问题，也避免了对方因为无法从语言上判断自己的意思而胡乱猜测。

（2）"事＋情"表达法

在就事论事表达诉求的基础上，如果能加上共情则更好。"事情＝事＋情"，所以，说事情的时候应该包括"情的表达"和"事的阐明"，即我们的诉求表达，并不限于我们在认知层面对客观现象的主观理解式表达，有效的、更能够促进沟通的表达还应包括"情"的表达，比如将平和直述的句式修正为："你做了……事，我觉得……所以我感觉挺受伤的，你能理解吗？"

由此让对方知道你的认知、理解，以及基于该理解的情绪后果，那么对方就会更加理解你，后续沟通可能更得你心。

比如，丈夫晾衣服，却没有把衣服抻平。妻子会说："你看看你，晾个衣服这么件小事都做不好……跟你说过多次了，把衣服晾起来后要抻平。"丈夫则不满："我做了你还不满意……那以后我不做了。"妻子说的可能都是事实，晾衣服确实是小事，丈夫确实没做好，妻子数次提醒、丈夫也确实没有改变，但是数个"负面"事实的累加，会让听者在情绪上受到冲撞，感受被指责。怎么办？可以尝试用"情"来冲淡"事"的冲击。

比如，"哇，我老公晾衣服，好惊喜……但你做得少，不知道这是个技术活吧？跟你分享下老婆丰富的晾衣服经验！如果把衣服晾起来后拉抻一下，你看像这样子，衣服晾干后就不会皱巴巴的了，会好看很多，有些衣服都不用再熨烫啦……怎样，我的经验丰富吧？你以后多晾晾就知道了。"

在这段话语中，要表达的"事"一点也没少，包括建议每次晾衣服的正确做法，以及告诉他家务做少了，建议以后多干家务等，但是因为跟在共"情"后面，表达了我为丈夫的付出感到高兴的心情，满足了丈夫做事希望得到肯定的心理，所以这种说法无疑会让丈夫更能接受。

（3）共情表达法

沟通中"情"的表达，又分两个层次，一是我们前面所论述的表达自己的情，二是共对方的情，即主动揭示/表达对方的情绪。

比如，妻子下班回家说："我们单位的那个同事太猥琐了，气死我了。"

丈夫："这没什么好说的，我也跟你说过了，要么别理他，做你自己的事；要么留心收集他的问题，有证据地跟领导'参他一本'，让他知道你不好惹就行了。"

妻子怒："哦，没什么好说的……就你知道怎么做，你特厉害！我的事要你管？"

丈夫也生气了："那你以后别在我面前说了！"

如果考虑用"事＋情"式结构的语言去回应，且用共情

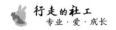

法，效果则可能不同。

丈夫："是啊，单位上要是天天见到这种人确实烦人。那怎么办呢？"

妻子："是啊，烦死了啊。我该怎么办啊？"

丈夫："我建议还是要理性地处理……"

如此，丈夫先回应妻子的情绪，妻子因为被共情而感到慰藉和放松，自然会推进到下一个议题——"怎么办"，而不是如前一种回应方式，妻子的情绪没有得到回应，被堵住发泄的途径，而丈夫的好心建议遭到"打击"。丈夫是好心，但是说到底需要注意回应方式。

又比如前面丈夫晾衣服的例子，用"事＋情"表达法的话，妻子说的是："哇，我老公晾衣服了，（我）好惊喜！"这是"我"的立场表达；若换成与对方共情就是："哇，我老公晾衣服了，老公好帅……"

（4）共理表达法

一般来说，共情表达对那些心智结构中感性占比较高、情感比较丰富的人来说更有效。但是对另一类心智结构偏理性、情感不敏感的人来说，他们更需要的不是共情，而是共理，即从智识或认知层面表达对对方立场的理解。

为了鲜明生动地说明这个区别，我们以前一阵子某综艺节目里一对恋人的表现为例。一对恋人一起完成任务，男朋友抱怨女朋友说："你是来干什么的啊？"女朋友坐在副驾驶座上有点委屈，但又故作振奋地说："我是来爱你的啊。"男朋友："整天除了说爱爱爱，你还能干什么啊……能整点有用的吗？"

在此我们不做道德化的评价，也不做真爱与否的剖析，仅以此例来说明关系中两类人之间可能存在的差别，既包括情感主义和实用主义区别，也包括感性主义和理性主义的区别。仅从技术层面来说，有效的沟通是应该共情还是共理，视对方的心智特点和偏好而定。

日常生活情境如这个例子。

丈夫下班回家。

妻子："我们出去散步吧，我有些无聊。"

丈夫："我上了一天班，累了，不想出门。"

妻子："可是我想，我们去吧。"

丈夫："哎，我不想去。"

妻子有点情绪："可是我一天都闷在屋里，都没有出去走走。"

丈夫情绪也起来了："你整天都待在家，天天无事可干才无聊。我每天上班累死累活，下班就想安静地待在家里，你就不能体谅一下我的心情吗？"

妻子："什么在家无事可干？我在家又做家务又带孩子的，我那么辛苦，你以为我轻松，你觉得我无聊？我看你累才提议散步，是希望帮助你放松，你倒好……"

如果我们采取共理表达法，此案例中的对话则可以转换为以下方式。

妻子："你看起来很累的样子，要不我们一起出去散个步，放松一下？"

丈夫说："我挺累的，不想动。"

妻子："是啊，上了一天班肯定累了，不过我在家带孩子也挺闷的，想去走走，跟你聊聊。那你先休息一下吧，等晚饭后再说，吃完饭去走走，放松加消食，身体更健康，好吧？"

或者妻子说："我们出去散步吧，我有些无聊。"

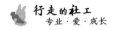

而丈夫回应："是啊，你整天待家里围着孩子转，老婆辛苦了。但我今天有点累，能让我先缓缓吗？咱们晚饭后再说，好吗？"

一样地，我们回到 A 同学的案例，她可以说："我知道你很爱游戏，那让你快乐，可是你要记得你除了爱游戏还爱着我呀，我们也要多在一起。所以请你合理分配下时间，更多点时间陪我好吗？亲爱的，这周什么时候我们一起出去玩呀？"

新的表达法的特点是：第一，首先体会对方的立场；第二，同时表达我的诉求；第三，当双方诉求不一致时，采用时间延伸的方式来处理差异化甚至彼此冲突的诉求，以达到双方需求的共同满足。如此，会不会更有效？你要不要试一试？

— 3 —

关于前面的若干种方法，有两点需要说明。

第一，平和直诉法与"事＋情"表达法的本质都是自我表达，依据表达由浅入深的程度构成了三层。第一层，浅层地表达对对方的行为诉求；第二层，浅层地表达自我情绪或感受；第三层，自我深层的本体性渴望的表达。

这种本体性渴望，在依恋理论/视角看来是"争吵下面隐藏的真正问题"，而表达出来深层渴求，对方有所回应，才是促进亲密关系健康发展的关键方法。如，莱特夫妇（2019）在《如何正确吵架》一书中写道："许多争吵其实源于我们内心的渴望——渴望与伴侣建立联系，渴望互相了解、彼此理解。"

"你能不能不打游戏多陪陪我""你为什么那么喜欢追星"

"你怎么不像以前那样爱我了"……这些问题的背后其实是我们渴望得到安全感、得到伴侣的重视、获得与伴侣的亲密感的愿望，这对于我们的身心健康、体会美好生活至关重要，甚至可以说是高质量关系的核心构成要件。

第二，在前面若干案例场景里，第一、二种方法中，当事人的表达共享一个隐性的立场，那就是不论谈事还是谈情，表达都是"我中心主义"的；而第三、四种方法里，当事人的表达共享的隐性立场是"他中心主义"。

共情和共理都是转换立场，是从自我中心转到对方立场的做法。沟通的目的是各自明确表达诉求并协调之，追求的结果是双方的诉求都得到足够程度的满足，且促进关系。"他中心主义"和"我中心主义"实施效果的不同在于，关系基础不同。在"我中心主义"模式下的沟通是：我讲我的道理，你讲你的道理，表达的是希望你理解我。而"他中心主义"模式下的沟通则是：我讲你的道理，你讲我的道理，表达的是我试图理解你。

人类都有顽固的"我中心主义"，所以即使我们转换立场，也不意味着我们就真的实现"他中心主义"了，那只是个理想，是个方向。所以，我们别着急地觉得丧失了自我，因为始终我们最能理解的是自己，最愿意为之代言的也是自己。提出"他中心主义"，在技术层面只是对"我中心主义"的平衡，促使关系往更健康的方向发展。但这种语言结构的转换，即把"你"放到"我"之前，其作用却不仅限于用结构化的话语模式引导我们的表达，重复的练习也将形塑我们的思维结构乃至人文情怀。

另外，我们也并不会丧失自我，因为感受被爱的对方也爱

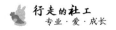

我们，我们让出的那部分立场，对方也会补回给我们。

你若要问，万一对方不会呢，他们利用我们的好，得寸进尺、得陇望蜀呢？

这个是另外的话题了，其中至少有两个。一是选择，如果对方得寸进尺，你为何要与之保持亲密关系？二是治疗，如果你选择留在具有伤害性的亲密关系里，那你需要治疗；如果对方在亲密关系里难以与你共情，甚至在人际关系里不能与别人共情，那就是对方出现了问题，对方需要治疗。

— 4 —

很多人用"三天一小吵，五天一大吵"来调侃情侣之间的相处模式，可见在亲密关系中，吵架常常难免。自古有云，"夫妻吵架，床头吵，床尾和"，但怎么个和法却大有讲究，值得琢磨。吵架，在某种意义上我们可以定义为短时间内高强度的信息交流和情绪竞赛，本质上是由内在诉求冲突、外在沟通不畅导致的。

根据我们的观察和研究，我们提出几级进阶有效沟通法。第一，诉求直接表达法；第二，"事+情"表达法，表达诉求加上情绪描述；第三，共情表达法/共理表达法，首先理解对方的立场，包括对方的情绪，进一步揭示其深层需求和对对方行为的认知理解。

总体来说，既有的理性情绪疗法指出前两步，依恋理论指出第三步的共情表达法，突出了之前在沟通里被长期忽视的"情"要素却也弱化了"理"要素。本文在共情表达法之外提出共理表达法，这是基于我们对亲密关系的如下基本认识。

第一，建设亲密关系，除了热恋/蜜月时期短暂的"有情饮水饱"，彼此情字当头，冲突起来用"卿卿我我"的方式就可解决问题之外，长期而言，认真去考虑对方的"理"，多考虑对方的利益，才是长久之计、真爱之路。第二，爱不是永远纯粹的，但爱也不是复杂的，爱是复合逻辑；或者说，爱的起点可以纯粹，但爱的延续是复合逻辑，这才会有基于现实土壤的真爱，幸福生活在现实而不是童话里。

在这四步进阶沟通技术之下，我们进一步指出，其中存在从"我"到"你"的基本立场的转变，但同时我们也表明，从"我"到"你"并不会意味着自我的丧失，因为顽固的自我中心主义守护着我们，对方也会因爱而体谅我们。

我们相爱，我们也吵架，但是没关系，我们能很好地处理，并且借吵架之机，加深对彼此的了解，加深联结，共同成长，更加相爱，是为欣喜。

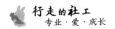
爱就是分享的热望：请你跟我讲"废话"

任　敏　李千喜

"下雨了，天气变冷了。"

"那你快加件外套嘛。"

"不想加。"

"那不行的，万一感冒了怎么办？"

"今天中午食堂的菜有点咸啊！"

"嗯啦，那下午你要多喝点水啊。"

"广播台在放我爱听的歌呢！"

"原来你喜欢那个明星呀。"

"对呀！"

"他有什么好的？"

"他就是好，他最好，怎么啦？"

"明明我才最好啊……"

"切～～"

等一下，大家是不是感觉以上聊天真的好无聊，完全没有什么实质性意义？就像看到标题，很多人可能会想：为什么要每天和对方说"废话"，既浪费时间又消磨耐心，确定这就是爱的语言吗？接下来，我们基于对未婚和已婚人士的观察和访问告诉你，还真是这样的！

— 1 —

我曾听朋友 W 说过，每次和男朋友聊天，她都会问对方："今天你有什么开心的事情呀？"于是，男朋友就会和她细碎地说说一天内发生的小确幸或者其他。以前，我真的很不理解

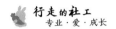

这样的行为。这个话题有什么可说的呢？就像是中国人见面的一句"吃了吗"，你问这个问题，对方说开心会如何，不开心又如何？你又帮不上什么忙。

但在我们在理论课上开始研究爱的主题后，大家围绕这个议题进行了许多讨论。这让我开始慢慢理解：看似是随口一问，实则蕴含的是一份想要和你分享我生活中的一切的心情。培根说过：Shared joy is a double joy; Shared sorrow is half a sorrow。就是一个人的快乐如果与另一个人分享，两个人都会收获快乐；如果把痛苦分享给另一个人，你只有一半的痛苦。

那结婚后两个人生活在一起，是否就失去了分享的必要呢？爱可能会在柴米油盐中消失殆尽，也有可能会在朝夕相处中愈加浓烈醇厚。我的妈妈是一位普通的家庭妇女，喜欢絮絮叨叨，从亲戚邻居家的逸闻趣事到最近的菜价、孩子的教育，她似乎总有源源不断的话题。而爸爸呢，虽然对有的内容并不感兴趣，但会认真听妈妈的话，偶尔吐槽一下，发发牢骚。妈妈说，虽然分享很重要，但也不能只有一个人在说，也要听对方说说工作上的事，或者一起聊聊身边的人和事。聆听与倾诉同样重要。

在访谈中，我们会尤其关注访谈对象对于恋爱心情的描述。我们发现，如果爱一个人，你的内心会产生跟对方分享日常的渴望，时时刻刻想与 TA 分享你的喜怒哀乐；你也对 TA 每天每时每刻在干什么、与什么人在一起、感觉如何等所作所为、所思所想充满了好奇。

收到对方的"废话"，你情不自禁欣喜，愿意乐呵呵回应，你没事了也想跟 TA 说说"废话"。所谓"废话"就是跟对方说说生活中的琐碎之事，谈谈工作、谈谈想法、谈谈心情。

"你问我爱你有多深",我们不用去问月亮,就看看你有没有常跟我说"废话",你跟我说的"废话"量有多大。

分享将两个人的生活连接在一起。朋友 L 和女朋友是异地恋,400 公里的距离将两个人分割,降温了无法及时为对方送去衣物,伤心了也无法及时赶到对方身边安慰。于是,只能通过手机诉说琐碎的日常生活,让对方时时刻刻感受到陪伴。一起约定看一部电影后分享自己的感悟,分享最近听到的好歌和看见的段子、天边好看的云、楼下草地洒水偶然出现的彩虹……生活中的美好都想告诉对方。朋友说,虽然有时候感觉自己废话很多,但连废话都会分享或回复你的人,一定很喜欢你吧。

— 2 —

分享生活中的琐碎会让恋人之间更加亲密。分享与爱是缠绕在一起、循环因果的关系,即我们越爱就越愿意分享,越愿意分享就会越爱。当两个人感觉没那么爱了,分享行为就会减少,而这反过来又会加速爱的减少甚至使之消失。如果你还想继续经营这段关系,该怎么做呢?那就借由说废话(分享)重新开启爱吧。

任老师跟我们分享过一个她做的夫妻咨询的案例。一个丈夫跟妻子的关系"冷了"好几年。有一天,妻子突然生病了,丈夫很愧疚,希望让妻子更开心些。想到妻子总是抱怨自己不够爱她,丈夫觉得很困惑,他认为自己心里当然是有妻子的呀,可是妻子怎么就感觉不到呢?妻子直言说,丈夫回家几乎没什么话,都不知道他生活里发生了什么,只知道他在工作、工作、工作。丈夫觉得委屈说就是在工作啊,有什么可说的,

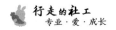

他自己的工作妻子又帮不上忙，说出来还徒增她的担心。工作没必要说，其他的也没什么可说，有些说出来不都是"废话"吗？

在了解这个情况后，任老师就给他"开方子"说："那简单，你就每天回家跟你爱人主动说十句'废话'吧。"

那位先生迷惑："说废话？"

任老师笑说："是啊，'废话'正是那些你之前觉得不必要说的话，从今天回家开始，但凡你觉得这是不必要的话，那就马上张嘴对她说说，就对了。"

那位先生说："每天十句，是什么道理？"

任老师："没什么道理，我随口定的。10句不行？那就8句？6句？4句？不能再少了！你放心吧，情况会变化很快的，不出半个月，基本上你就只用说1句'废话'了。你回家只管起个头，另外9句的配额，你老婆就会全用了。"

那位先生呵呵地笑了。

任老师："嗯，你笑了，感觉好吗？是因为刚才我一直在跟你说不必要的'废话'吗？"

那位先生哈哈大笑。

任老师笑着说："所以，可别小瞧说'废话'，说'废话'是关系亲近的一个表达。自己人才会说'废话'，一般人咱们不跟他'废话'的，对吧！一般来说，人与人之间'废话'越多，关系越近。说'废话'也是一种重要的人际交往能力，跟爱人说'废话'就是一种爱的表现，在家里会说'废话'是一种爱的能力呢。'爱'这个词对你来说陌生吗？那'情商'这个词不陌生吧……但是你还想听吗？关于情商，跟你的问题也没太大关系，那都是'废话'了……"

那位先生哈哈笑:"听！听！"

任老师笑:"好，那以后再说。现在你能举例告诉我哪些是你认为的'废话'吗？然后我们试着做做练习，我给你反馈……"

任老师在分析案例的时候说，咨询师跟来访者之间的关系其实也是在一些必要的"废话"中建立起来的，尤其是对那些话少、更理性的来访者，咨询师就需要话多一点。令人愉快的"废话"在关系中的调剂很重要，它帮助来访者敞开心扉、释放情绪。迅速建立好咨询师和来访者的关系是为了减少咨询中的阻碍，让来访者更快进入咨询师的新框架、更配合咨询，实现更快、更好的改变效果。这一切都是为了来访者的需求和利益。

任老师说，那个咨询是一次就结束的，没有持续一个疗程。因为技术就是那么简单，欲改善"僵化"的亲密关系，你就每天对 TA 说十句"废话"吧。当然，如果能把"废话"说得好听点，激发彼此的愉快情绪就更好啦。其次是中性的分享，也有效果，但是要尽量避免往不愉快的方向说哦。如果你不小心踩雷，说到令对方忌讳而不愉快的"废话"了怎么办？那就依然用"废话"来拯救，比如"哎呀，我刚才是不是说了不愉快的话，那我马上说两句愉快的话来补过，哈哈哈"。如果夫妻之间并无二心，那么每天说十句"废话"就是打破"僵化"的亲密关系的基础，之后"尝到甜头"的夫妻二人自然会逐步调适，依靠他们自身的力量走上感情良性发展的正轨。

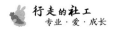

— 3 —

每句"废话"都是我满溢的思念，每次分享都是我不曾说出口的"爱你"。生活里并没有那么多惊天动地的事，所以分享琐碎日常的"说废话"除了是爱的自然表达，也成为维系感情的一个重要纽带、一种促进感情的重要心理技术。

虽然一段感情中的我们都是独立的个体，但当我们相处之时便彼此勾连在一起。尽管随着关系的演进彼此分享的内容也可能会有所变化，男性和女性在分享的内容偏好上也有所不同，但是爱就会渴望分享、分享带来爱这一道理是不变的。而当两人感情面临危机，觉得和对方无话可说，继而陷入关系的僵局时，如果这份爱对你仍然重要，你决定继续，那就不妨每天主动说十句"废话"去活化、去重新点燃这份爱吧。

让我们以一个以"说废话"来维持美好恋情的故事结尾吧。

任老师的一个好朋友的妹妹当年跟男朋友异国恋若干年，最终两人经过努力在美国相见并携手，如今女儿可爱、家庭幸福、工作蒸蒸日上。

任老师说："当时女生在北大，男生在哈佛，我不知道他们维持异国恋爱的秘诀是什么，但是他们之间的一个画面一直深深刻在我的脑海中。"

女："啊！你都快要回国了吗？可是我脸上正在长痘……"

男："长痘了？长了几颗？"

女："啊？你还要我数出来吗？你好残忍……你们学数学的都这样吗？"

男:"啊?多到数不清了吗?"

女生翻个白眼:"那究竟得是多大的数,你们数学家才会数不清呢?"

任老师描述这段的时候,笑意盈盈,面色欣然,说:"真美啊,是不是?"

我:"是啊,我以前怎么会觉得恋人之间讲'废话'很无聊呢?"

任老师:"那大概是因为谈恋爱的人不是你吧。"

唉,扎心了……

爱的第六种语言：爱乌即爱屋

任　敏

Gary Chapman 博士所著《爱的五种语言》一书十分畅销，读来令人颇受启发，曾大卖到成为《纽约时报》畅销书榜第一。Gary Chapman 博士认为人们通过爱的语言来表达或感受爱，生活中最重要、最常见的爱的语言有五种：

①说好话（words of affirmation）；

②高质量共处时间（quality time）；

③送礼物（receiving gifts）；

④服务行为（acts of service）；

⑤身体接触（physical contact）。

在亲密关系中，很多时候，不是我们没有爱，而是不会爱。爱就是要识别对方偏好的爱的语言，然后借助彼此偏好的语言去传递爱，如此才可以让彼此感受到爱，建立真正的、实质性的亲密关系。

我在美国的时候很多人向我推荐这本书，回国后发现它在国内竟然也很流行，我常在一些被定位为高质量的公号里见到关于这本书的介绍。但在读这些引介性文章的时候，我内心总有个疑问：这都是西方文化社会背景下研究出来的爱的语言，中国情境下还会一样吗？人类关系有相通之处，但是毕竟也有社会文化差异，那么中国式的爱的语言可能有什么不同吗？如果有，那可能是什么呢？

— 1 —

8月旅行中，某日我入住酒店，一进房间就看见床上立着一头大耳朵长鼻子的大象，憨态可掬，令人忍俊不禁。

次日上午，我在房间备课，一个服务员敲门进来收拾房间。她身材清瘦，脸上微带笑意，问候我时轻声细语，齐眉的老式刘海让我想起一个词——贤淑。

我看着她，展开一个大大的笑容，说：“昨天我床上有头大象，很可爱。是你每天用毛巾为客人叠小动物吗？”

她微微笑道：“是我。”

我问：“谢谢你啊。为什么会想到用毛巾叠小动物呢？”

她笑：“因为我们主管说要提供个性化服务，比如每天给客人叠一个不同的动物，客人看见会开心的。我要学好多的，因为有的客人住好久，每天都要叠不同的形状。有个外国客人住了40多天，后来我都发愁了，他要是再住下去，我还能叠啥呢？哈哈哈。”

我哈哈大笑：“那你今天会给我叠什么呢？”

她笑：“你想要什么？”

我思忖片刻：“我嘛……我女儿喜欢狗。”

她笑：“那我叠两个，一个送给你女儿，一个送给你。”

我笑：“谢谢！但我……我不知道……你看看我，你觉得什么合适送我就叠什么吧。”

然后她开始收拾房间，我转头继续工作。

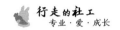

过一会儿，听她说："差不多了，老师……你是老师吧？"

我转身向着她，笑："是。你怎么知道？"

她笑："我感觉是。我给你叠了这个，喜欢吗？"

我抬眼望去，床上两只白天鹅相向静静地趴着，身披大片的玫瑰花瓣……可真是惊喜啊！

我笑起来："哇！好浪漫！为什么叠这个给我？"

她温柔地笑笑："我感觉这个适合你。"

我笑，心想："这是她对我的感知呢，还是她内心的投射？但总之，她是个内心有爱的人。"

我说："谢谢你！大姐，你过得很幸福吧？"

她笑笑："生活嘛，还可以。"

我笑："你很漂亮。人上年纪，相由心生，人美往往也代表心美。"

她笑笑："哎呀，有人也说我不漂亮呢，我女儿还说，'亏得我长得不像我妈'。她爸还说她'你还真是亏了，你到你妈的年龄恐怕还真没你妈好看'，哈哈。"

我哈哈大笑："看出来了，你跟孩子爸爸关系很好呢。"

她脸上浮现一丝羞涩："还好吧，毕竟都结婚 27 年了。"

我笑："那更难得了，一起 27 年了他还觉得你美。"

她笑："哎，反正他对我还是挺好的吧。那天我说搽脸的霜没了，他就说'去买嘛，明天就去，要买好的，别节约钱；我想给你买我也不懂那些东西，那就陪你去吧'。"

我笑："你们当初是怎么结婚的呢？"

她笑笑："就是别人介绍的嘛，没多久就结婚了，也不像现在的人谈个恋爱什么的。"

我笑："那他对你的感情怎么那么好呢？这么多年了，你是怎么做的呢?"

她:"我老公那个人总说我心好。我也没有做什么,就对他爸妈很好。因为我自己很小就没了妈妈,觉得有爸妈真好。前些年他妈妈病了,我就回家照顾她,照顾了5年,她走了以后我才出来工作。刚工作了两年,我公公又病了,我就又辞职回家照顾了公公两年,再出来工作。我这个人心慈,看不得老人受罪。再说了,这都是应该的。"

我:"你喜欢工作吗?"

她:"我喜欢工作。我女儿刚生了孩子,说'妈,你来给我带两年孩子吧'。说真的,我真不愿意回家去。我说我要走了(辞职),我们主管都舍不得,大家也都说,'你看,主管们一天到晚都提开慧、开慧(她的名字发音,取近音),都说你好'。"

我:"为什么主管们都喜欢你?"

她笑:"就是做工作的时候主动点,做得好一点,多想想别人。我们的领导也很好,他们都卷着个袖子,随时伸手帮忙,不像别人只是指手画脚。领导都这样负责,我们下面的人怎么能够不好好做呢? ……我老公也说如果我想工作,就别管女儿了。但是怎么办呢,我女儿确实也没人帮忙,暂时也只能这样了……"

她一直轻言细语地说着,我放松了身子,胳膊肘撑在桌子上托着腮,笑盈盈地看着她。我发现她总是情不自禁地提到老公对她的支持和爱,说明这段27年的婚姻确实是令她满意的,真是令人心生羡慕呢。

— 2 —

　　我又想到了那个议题——中国式爱的语言。基于美国经验研究而来的《爱的五种语言》在引入中国的时候应当是需要拓展的，因为中美之间显然存在差异，那么文化对亲密关系的规定也当有所不同。

　　文化上，美国是个体主义，我国是集体主义，这对关系都是会有影响的。在家庭生活的社会与制度安排方面，美国亲子代之间通常不存在祖辈帮忙抚养孙辈的生活联结，也没有物理空间中的共居现象，所以他们的亲密关系主要指向夫妻之间内部，或说仅指向夫妻对方就可以了，西方亲密关系理论强调夫妻是关系的核心，致力于限定"厘清"关系的边界；而在国内，上两代因为第三代的抚养问题紧密联结在一起，核心家庭又经历新一轮扩大化。

既然有这么显而易见的差异，为何对于爱的语言，我们只见引介而没见本土化的拓展呢？

我想，这会不会是受限于传播的"阶层性"特征？这是英文书，被中国读者引入国内。这些引入者通常有两个属性，一是懂英文的高学历者，二是强调爱的人（公开谈爱在中国对大部分人来说仍是不习惯的），这都决定了传播者和读者很可能限于中产阶层人群。当前城市里的中产阶层人群，他们所接受的教育十分强调英语学习，日常文化消费也较多受西方影视剧及文学的影响，他们的观念经历着西式现代化，逐渐变得关注亲密关系，而且在亲密关系建设中也要着力撇清上一代的影响，将亲密关系核心化（也常伴随孩子抚育主导权的代际争夺）。

我国中产阶层相比下层在经济上更有能力，相比上层在观念上更有动力实施与父母隔离居住的生活方式。即使其中部分人可能受限于经济条件，在一段时间内不能从空间上与"父母"划开界限，那也要努力从心理上和关系上，在家庭决策活动中将父母撇出去（比如"这是我们年轻人的事，你们老人别管"）。当然，现代人压力大，也需要将关系单一化、核心化，从而减少压力关系维度，降低关系处理难度，这是一种适应机制。总之，中国受过高等教育的中产阶层人群，在对亲密关系的理解上，与西式现代亲密关系知识体系具有较高的亲近性。在这群人身上，"学习"的属性太明显，凸显中国传统文化的那部分人格结构相对较为不典型。

我们或许可以假定，中国传统人格结构相对来说更可能在那些缺乏非本土文化"学习"经验的人身上有所凸显。他们

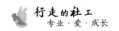

长期处于本土文化情境中，通过"浸润"的方式获得本土的知识和经验，据此自然地、缺乏"自觉"地行动着，成为一个个行走的传统文化的研究标本。

在繁衍冲动/激情后关系时期，亲密关系的维持具有需求满足（a）和相互性（b）两个特征，即"你对我好，是我所要，我就对你好"成为关系/感情好坏的产生机制（此处不讨论关系维持的外在约束，只讨论关系内部的动力机制）。

在开慧的亲密关系里，丈夫关怀她，她显然是"稀罕"的，从她跟我讲话时的"甜蜜"可感知到；而她关怀/照顾婆婆公公，让丈夫感动，这是丈夫"稀罕"的，所以二人在结婚27年后感情一直很好。

在缺乏"自觉"的关系里，我们常见"刺激—反应型"关系存在，其感情的发生和维持、关系的状况是彼此"自然"行为操演的结果。这个"自然"行为不是"天然"（本能），而是当事人受所处社会文化涵化的结果，在理想型建构的意义上，排除了基于反思本土经验框架或学习他者而来的新框架而采取的"有意经营"型或自我激励型的爱的行为。"有意经营"型和自我激励型的共同点是都有高意识水平（"刻意"），不同之处在于：（a）短时对长时，（b）对象指向性的程度高与低，（c）是在行为层面还是在信念层面发生作用。前者比如刻意制造浪漫时刻以增进彼此感情，后者比如我自觉激励自己去爱对方，不管对方现时的行为怎样，我都按照自己理解的爱的原则去做，在某种意义上说那并非基于对方对我行为的反应，而是基于我自己对亲密关系的理解和信念原则。

接受足够的教育是能促人反思和学习的一个制度性条件，所以我们一般可以假定，在受教育程度较高的人群中，自觉的关系/情感发生模式更常见；而在受教育程度较低的人群中，无意识的关系/情感发生模式常见。因而，从概率上推知，像开慧及其丈夫那样的感情/关系模式更能体现本土传统。

从开慧及其丈夫的形象、年龄、职业、收入、生活方式、人生轨迹、认知特点等因素看，我们或许可大胆假定，他们既免于受到非本土文化要素的干扰，又免于受技术化的反思影响而带来的行为改变。开慧携带我们"传统"的"集体文化基因"，她"自然"的关系取向的行为具有典型意义，揭示了作为集体潜意识的关系文化对亲密关系的规定。

她老公总说她善良，很感激她对他父母的照顾。"父母"代表谁？代表我们生命里不可分割的"重要他人"。丈夫因为开慧的这个行为感受到被爱，那么我们可以说，这就是他的一种爱的语言。"爱屋及乌"，屋顶上的乌鸦是对方的"重要他人"，典型的是父母。扩展开来说，在再婚重组家庭里，西方家庭中继父母可以怡然地做继子女的叔叔、阿姨、大朋友。但是在中国，继父母是需要努力做"父母"的，如果不叫继父母为爸妈，是会伤害关系的；所以，继子女是否称呼继父母为"爸妈"成为再婚家庭亲子关系的一个符号性标志，这在某种意义上成为继父母的执念和努力的目标。在这个逻辑上，更准确、更形象的说法应该是"爱乌即爱屋"。

开慧丈夫的爱的语言具有群体典型性，我们也可以说是一种中国本土的、传统的爱的语言。可以假定，这对在乎父母的开慧也是成立的，即，若丈夫对开慧的父母好，开慧也会由此感受到丈夫的爱。不过在此个案中，开慧的父母去世早，我无法在事实层面求证。

综上，我从开慧的故事里看到一个假设：一种中国式爱的

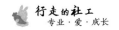

语言是，接受并对对方的家人好，或说接受对方的"重要他人"并对其好。

等开慧离开后，我坐在房间，看着床上两条独特的白浴巾，哦不，是"白天鹅"。这充分暴露了我当时已经从浪漫情感的心智模式转入理性实证的智识模式，眼里出现白浴巾而不是天鹅了，哈哈。

我想起曾听一个 EFT 取向的家庭疗法讲座，讲员李老师就武汉市民政局的离婚原因数据进行分析后得出："婆媳不和"是婚姻的一个重要"杀手"。

我想想，又打开一些我所积累的家庭和亲密关系咨询记录，迅速浏览，进行关键词分析。统计了下，发现在以修复亲密关系为诉求的咨询客户中，当事人在谈及家庭矛盾时基本上都涉及对方的原生家庭关系，婆媳、翁婿、姑嫂……在 30 个个案中，这样的案例占到了 70% 多（22 例），而其实我服务的客户多数是受教育程度比较高的人。可见，即使我们主观观念上要聚焦亲密关系，但现实还是将我们拖入扩大化的家庭关系中，他们以在场或不在场的方式进入我们的亲密关系中，这是我们的社会文化以及家庭生活制度安排的特性之一。

如果我对我的服务客户进行经济、社会地位分类的话，可以发现，在较低阶层的家庭里，不管是否共居，婆媳之间缠绕争吵、进行权力争夺是占据压倒性优势的关系模式；而在较高阶层的家庭里，婆媳之间保持物理和心理 – 情感性隔离较多，其次是婆媳权力争夺模式。但是总之，在 22 个家庭咨询案例中，有 21 例中的妻子对丈夫的家人（以婆婆为代表）持不接纳态度，这直接导致了夫妻问题的产生，另一例是丈夫不接纳强势的岳父。

在咨询中，我常听受过高等教育的案主们说一句话："这是我俩的关系，不要让你妈插进来。"我也听咨询师同行们常说一句话："一个家庭中夫妻关系是核心，你对你老婆好了，你老婆才能对你妈好。"前者是试图将夫或妻的父母从生活中隔离出去，后者是对两层/重关系进行逻辑排序，将丈夫 – 婆婆的关系置后、置次，这在本质上或许是要将西方现代化亲密关系框架/规则凌驾于中国传统式亲密关系之上。这固然也是一种出路，只要夫妻能"同步"接受就好。

但也许我们还有另一条出路，那就是基于我们的传统，从内心接受：我们的扩大家庭关系本身就是亲密关系里不可分割的一部分，然后去好好处理（爱）之，而非简单要求对方割除之。

费孝通基于乡土社会的"家是个伦理共同体"的论断即使经历现代化的历程也并没有失效，这主要是因为在亲密关系里，丈夫们普遍欠现代化。丈夫们固然也是受过现代高等教育的，但是一来我们的系统教育里并不提供亲密关系的课程，二来丈夫作为男人，要以"忧天下"为己任，不扫"屋内"，在文化属性上具有"外拓 – 绩效取向"特征，"轻视"家庭/亲密关系，所以往往难以经反思或主动学习而改变，在亲密关系中"自然"而动，如开慧及其丈夫，成为集体潜意识形塑的"宝宝"……

我独自在房间里天马行空地想着想着，突然觉得：哎呀，这个宾馆的服务员简直不得了，聊个天而已，怎么启发我那么多？哈哈哈，真不错！我高兴地从椅子上跳起来，对床上的"天鹅"咔咔拍照，嘴里念叨："天鹅，天鹅告诉我，你俩为什么那么好？"

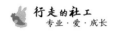

— 3 —

9月开学后，我讲授"社会工作理论"课，讲到理论的学习、应用及本土化拓展时，我以"中国式爱语言的发现"为主题发起了一个课堂小活动。我让这群没结婚甚至可能没谈恋爱的人独立地写出自己的择偶观。

第一步，让同学们独自安静地写出几条自己最为看重的择偶条件。第二步，大家一个个说出来，我写在黑板上，我们一起观察特定词的出现频率，并对相似词义的词语汇聚归类。我们很快发现，"孝顺父母"成为最高频的词。

这个小活动好玩，大家都好开心呀！

但慢着，你可能要问了：奇怪，任老师，你之前不是说有些受过高等教育的人试图将父母从自己的亲密关系中排斥出去，且他们主要是接受了西式亲密关系知识的教育的人。大学生们不也是接受高等教育的，怎么就跟你前面分析的中产阶层不同呢？

这是个好问题。是这样的，大学生们还只是社会中产阶层的预备队员。处在这个年龄阶段，他们对亲密关系的探索和学习尚未开始；而当他们进一步成年，进入家庭，遭受关系困境——这几乎是必然的——他们就会有激励或说被刺激得去探索亲密关系是怎么回事了，他们会追问："为什么受过那么多年教育，我却还是处理不好家庭关系？"于是，擅长读书的他们就开始大量阅读关于亲密关系的书，里面凝结的可都是人类的智慧呀。可是，我们市场上供应的基本上都是西方的经验，于是，他们关于亲密关系的知识体系将从那时候起被逐步西方化/个体化了。总体来讲，大学生们尚未进入亲密关系知识的思索/学习阶段，其关于亲密关系的认知和诉求输出目前主要还是受传统文化的影响。

我们并不否定美式爱的五种语言，而且认为这是我们特别需要学习的爱的功课，但我们要强调的是在中国情境下，美式爱的五种语言并不足够。这五种语言不仅不够多，而且可以说，美式位列前五的语言在中国情境下也不够准确。比如，西方式"高质量的二人共处时间"，在不少中国女性看来，不如"你带娃一天，让我有点自己的时间"；在"送礼物"一条上，"别整那些没用的，不如给娃买好点的奶粉和尿布"，或者"帮我接送娃去兴趣班"……在这次的研究中，"接受并对对方的重要他人好"凸显出来，并成为一条重要的中国式亲密关系中的爱的语言。如果要让爱的语言彼此 PK 的话，或许它会将西式五种爱的语言中的其中一种挤出来，取而代之吧。

第三部分
如何对儿童

PART 3

不妨让孩子点个菜

纪蓓蕾

— 1 —

从观察起

外出吃饭，遇到一对母女，孩子大概六岁。

社工专业的我开始观察。

只见：妈妈把菜单递给孩子，说"妈妈今天把权力给你，你来点"，被授予了"点菜权"的孩子高兴极了，和妈妈讨论着各式菜品，看不懂的字和不理解的表达也都一一向妈妈求证，妈妈也耐心地向孩子解释着菜单所列食物的具体信息。

你一句，我一句，两个人讨论得激动又热烈。孩子拿不定主意的时候，妈妈就扮演引导者的角色，给孩子提建议，尝试让孩子做出自己内心的选择。

妈妈运用的引导性话语譬如：

"今天你最想吃什么呢？"

"上次我们是不是吃过这个菜？但这个还没吃过，要点新的菜尝尝吗？"

"点太多了会浪费噢，如果你还有别的想吃的可以想一想是不是今天必须吃，或者妈妈下次再带你来吃这个你想吃的？"

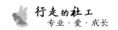

"这个太大份了，你和妈妈两个人吃不完，可以等和爸爸，我们三个人一起来的时候吃，好不好？"

"妈妈这两天嘴里起泡了，有些上火，这个菜太辣了，妈妈可能吃不了，只能你自己吃，可以吗？"

…………

小女孩做出了几个选择，"郑重"地将自己选的菜勾一下，报给侍者。母女俩便边聊天边等菜。没想到孩子的选择还不错，几个菜最后都光盘了。

— 2 —

简单赋权

真应给上面的妈妈点个赞，孩子在传统亲子关系结构中长期处于无权的状态，而妈妈让孩子行使"点菜"这一选择权，是成功赋权给孩子的案例。

这位妈妈厉害在：她意识到了孩子与大人一样拥有选择权，双方在权力结构中处于平等的地位。

她的举动则让我意识到原来赋给孩子权利并没我想象的那么困难。

运用"语言"这一约定与规则，父母直接表示放弃一定的控制权，将选择的权利"下放"，是生活中最普遍的赋权方法。

例如可以在孩子过年收到压岁钱后和孩子一起商量："宝宝你想怎么用你的压岁钱呢？你有什么计划吗？"这些话使孩子拥有主动权从而不再处于被动受限的状态。点菜时，孩子拥有菜单的信息，妈妈通过给孩子解释每道菜，将充分的信息资源提供给孩子（而不是担心浪费时间不给孩子看）。这些必要资源就如同孩子学做饭时脚下垫着的凳子，让孩子站得和父母一样高。

— 3 —

选择中成长

当父母支持孩子自主选择时，孩子因自身权利被承认而不

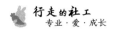

再被权力无时无刻控制，得以被父母赋权。

当儿童们拿着"尚方宝剑"行使自己的选择权时，既能学到一些东西，也会感到自己被父母尊重和欣赏，从而和父母的关系愈加亲密。

拥有"点菜"这一选择权的孩子，吃到自己爱吃的菜的同时也识了几个字。更重要的是，孩子在母亲的引导下感受到了"选择"这一人生要务的过程本身。

上述被母亲让渡选择权的孩子明白为自己的人生进行选择是自己本应拥有的权利，虽然年龄小，但自己也可以对自己家庭的一些决定发表看法和意见，可以参与其中。同样，孩子通过点菜明白人生很多时候无法多选，选择就意味着放弃，也即机会成本。通过"有些菜可能因为两个人吃不完必须等下次和爸爸一起来吃"让孩子懂得多个需求很难一次被满足，有些需求因当下条件限制只能被延迟满足；"我爱吃的和妈妈爱吃的不一样"使孩子理解不同主体的需求会存在冲突，需要平衡；"点的菜也可能没有想象中的好吃"让孩子也懂得选择要有面对不确定性的勇气，要承担选择的后果。

可好处这么多，为什么在现实生活中很多时候大人都剥夺了孩子的选择权？依我看，"替"孩子选择、为孩子做主的父母们存在几个先入为主的认知。

比如，认为孩子对自己的需求没有明确的认识，孩子并不清楚自己想要什么。

可这是真实的情况吗？

孩子在自然成长的情况下，与生俱来就会表达自己的需求，也许只是选择了"大人"们所不能理解的方式。在孩子还没有学会说话的时候，可能用哭闹、咯咯笑、一个个蹦出来的字词或是一个小小的噘嘴姿势来表达，我们不能因为不懂"孩子"的语言这一人类生命最初的表达方式就断定孩子不知道自己想要什么。

不少成年人都还没学会选择合适的方式和时间来表达自己的需求，我们为什么就没有探索孩子表达背后的需求的耐心呢？所以，孩子理应内心是清楚自己想要什么的，只是他们还没能"掌握"表达需求的方式，而我们认为他们不清楚自己的需求实则是我们不愿去理解、没有耐心所致的。

再如，认为"大人"的选择比孩子的选择更好。

成年人确实比孩子在这个世界上待的时间要长，有"经验"，想要用自己的"经验"帮孩子少走一些弯路，少经历一些磕绊。这无疑是有效的，因为年龄优势，作为成人的父母对这个世界有更多了解，体会也更为深刻，尤其是了解潜在危险的存在，有一些选择会影响生命安全。从保护孩子的角度出发，父母宁愿多管着孩子一些。

但是，在其他一些事情上，父母的理解有不少是被成长中所处社会塑造的，因此，他们为孩子做的选择被他们自身的经验及内心的认知图示所左右。这些父母的选择可能造成的后果就是孩子并不想要但常常被父母"安排"。

我们不愿意看到孩子的需求被忽视，所以父母即使拥有比孩子更多的经验储备，也不能因此去"主导"孩子的人生，用自己的需求取代孩子的需求。但也请父母们不妨将自己的经验毫无保留地提供给孩子，在孩子寻求解释时给予支持，如同文章开头的妈妈一样在孩子做选择时给出一些引导。毕竟，孩子也需要父母支持所带来的依靠和安全感。

还有，认为权利只属于大人，何谈属于孩子的选择权，也

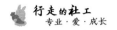
就是承认大人的绝对"权力"。

有人持这样的观点，孩子不是独立个体，是要被管教的。大人要"管"孩子，"约束"孩子，甚至敦促孩子帮爸妈完成"未竟的事业"。可是，抚养孩子是为自己多一个可以控制的玩偶吗？是为了让孩子将来替自己实现愿望吗？

答案是：不！父母的确为孩子提供了感受这个大千世界的机会，从体力、智力和资源的占有看，孩子也处于弱势地位，但这并不直接导致他们在与父母的关系中处于下位，也并不妨碍他们享受与父母地位一致的平等。孩子作为生命，有自己的人生，有独一无二的 DNA，她/他来到这个世界上，自然拥有为自己人生发言的绝对权利。

要明白，亲"长于"子但不等于亲"大于"子。

— 4 —

因平等而赋权

社工常说案主自决，面对和我们处在平等位置的案主，首先，相信案主作为独立的个体基本上是明确自己的需求的，有自己的选择权；其次，相信案主可以权衡利弊在无数条路中找出最适合自己的选项；最后，我们需要理解，案主在当下可能因为种种客观条件限制而面临一些选择的困难，需要帮助。实务中，社工要耐心引导、协助案主成长，让站在路口的案主选择适合自己的或平直或弯曲的路，做人生中一个又一个的决定。

对于儿童，在不涉及生命危险的时候，父母要理解小的磕绊在人生中都是自然的，尽可能给予孩子决定与选择的权利，使孩子在体验选择的过程中享受自己的人生，在犹豫与抉择的岔路口逐渐成长。

更进一步讲，交往中我们对待他人都应如此。这个世界无数生命存在相得益彰，没有谁高于谁，更没有谁能以上位者的姿态替别人做决定。

鼓励式教育是溺爱吗？[*]

覃文隽

— 1 —

鼓励式教育 VS. 打击式教育

微博上有一条"鼓励式教育"的话题，源于主持人在一档综艺里的发言：在和家人的相处中，鼓励式的教育让他觉得自己真的很优秀，也正是父母的支持让他完成了梦想。

这不禁让我想起妈妈对我的教育方式。印象中，妈妈一直都对我施以诸多鼓励。从小到大我听得最多的话就是"宝贝，你是最棒的""恭喜我的宝贝今天在学习上又进步了"……哪怕是在我失败的时候，妈妈总会安慰我说"失败也是一种收获，恭喜宝贝今天又成长啦""没关系呀，下次继续努力"……仔细一想，我的成长历程中，最不缺的就是妈妈的鼓励与支持。

与鼓励式教育相对的是打击式教育。经常听到孩子说的是："为什么总拿别人家的孩子跟我比，你老是打击我，让我就觉得自己很差。"这就是典型的打击式教育。家长的打击式教育观念是由多种因素影响而成的，社会文化背景、同辈群体影响、教育理念的传播等共同促成了这种观念。

＊　任敏承担本文中行动的督导及其内容的修改完善工作。

正如这位妈妈所言，多数采取打击式教育的家长，其实都出于一片"好心"，即想让孩子懂得谦虚，明白美好的生活要通过持续不断的努力才能获得的道理。但没有受过发展心理学和教育学培训的父母们不知道，这样的"好心"往往可能会让孩子在成长过程中逐渐陷入自卑、焦虑、无力的状态。同时，在打击式教育观念盛行时，鼓励式教育的出现反而会引起家长们的担心乃至质疑——"天天表扬，那不是溺爱孩子吗？""如果孩子发展成自负、骄纵的人，怎么办？"

— 2 —

鼓励式的爱是溺爱吗？

在我的成长中，我妈妈也因为对我的鼓励式教育而遭受过亲戚朋友们的质疑——"你是不是太溺爱孩子了""你迟早会把她宠坏的"……小时候听到这些话，会产生困惑，但现在却引起了我的思考：鼓励式教育是溺爱吗？

在学习"社会工作理论"课时，我通过优势视角来理解妈妈的教育方式。在我看来，溺爱就是过度爱护，照料者对孩子的过度爱护让孩子无法进行正常的社会化，从而与社会脱节。教育学家第斯多惠明确指出："我认为教育的艺术不在于传授本领，而在于激励、唤醒和鼓励。"（第斯多惠，1990）基于我的经验，鼓励式教育是照料者善于发现并表扬孩子的闪光点，相信孩子的优势及潜能，与孩子产生积极互动，逐步引导孩子完成社会化的教育方式。

埃里克森成长八阶段理论指出，不同的人生阶段都有不同的人生任务，而婴儿期至青少年期（0~18岁），是一个孩子

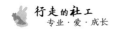
成长为法定成年人的阶段。在此期间，孩子的核心系统是家庭系统。传统的家庭教育观念通常强调挫折教育，担心孩子受到过度夸奖而骄傲。为了使其保持谦虚的心态，从而采取不鼓励、不激励的态度，甚至在孩子取得一定成绩时浇上一盆冷水，冷冷地说出"这次你能行，下次不一定能行，不能骄傲"之类的话。家长们还经常将"别人家的孩子"拿来与自己的孩子做对比，这种比较行为往往反映出家长对孩子优势和潜能的不信任，同时在一定程度上会让孩子产生愧疚感、自责感，进而影响孩子的自我效能感，让他们觉得自己什么事都做不好。

那么，鼓励式教育都有什么好处呢？首先，鼓励不等于简单的表扬，鼓励式教育并不意味着孩子做什么都夸奖，更不是认为孩子做什么都是对的。如果不对情况加以辨别，一味地"夸孩子"，反而有可能模糊了孩子的自我认知，让他们更搞不清楚究竟哪些做得好、哪些做得不好。

鼓励式教育强调的是有针对性的激励，即在孩子有成就、做得对的时候，包括在孩子表现出勤奋、坚持等良好品质的时候，要及时地点出来并夸奖他，对他形成正向的激励，这才是鼓励。在我上小学的时候，每次考试取得好成绩，妈妈都会夸奖我，攒够几次优秀的成绩单就能够换取一个小礼品，这在一定程度上给予了我一种成就感，慢慢地培养了我的自信心。

正如《挫折教育不是挫折后教训，而是挫折后支持》一文所言，我们必然要面对客观的挫折打击。当孩子遭受客观的打击，父母接纳、帮助分析问题和提供解决方案也是另一种鼓励，这有助于引导孩子朝着目标继续努力，培养孩子的抗逆力和复原力。

Vaillant（1993）说："抗逆力是个人的自我纠正取向，是弯曲而不折断或弯曲之时可以反弹的能力。"简单来说，抗逆力有三个方面的功能：一是人们在经历痛苦和危难之后促进其成长，曾经面对困难或创伤性事件可以让人们在遇到其他挑战的时候具有更大的信心、提升处理问题的能力；二是逆境可以促使一个人反省自己的价值观念、信仰、承诺、人际关系和娱乐方式等，从而促使其做出必要的调整，进而真正改进个人的生活方式；三是当困扰出现时，人们会意识到自己相对薄弱的方面，还会发现以前未注意到的资源并学习如何为我所用，这为改变提供了动力基础。以上三点都可相应地导致个人改变对

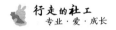

自己或他人的看法，促使评价更加正面、均衡。但请注意，这里所说的打击是客观事件的打击，而不是父母的主观打击。来自父母的主观打击并不会帮助孩子建立复原力，而是让他二次受挫。

鼓励式教育的内核是教育而不是溺爱，孩子做得对，父母有夸奖；孩子做得不好，父母也要有引导。同时特别重要的是，鼓励式教育也有明晰的规则，而溺爱是一味地捧高，泛泛地夸奖，以及对规则的漠视，突出表现为教育过程中规则的易变性与不确定性，即不训练孩子遵守规则，导致孩子既没有足够清晰的自我认知，也无法在与人交往的过程中实现足够的社会化，导致孩子成长为自我中心、不讲规则的人，这是"溺爱"的后果。

— 3 —
如何进行鼓励式教育？

首先，我们要相信每个人都有优点、才能和资源，以及在未来有各种发展的可能性。鼓励式教育强调的是在鼓励中去教育。家长与孩子需要建立一种坚定的互相信任的关系，基于这样的关系，家长可以从内心深处真正欣赏、认同孩子身上独特的品质和价值，也可以在孩子向自己发出信号时给予积极的回应，表达对他的肯定和认同，从而增强孩子的自我效能感。

其次，在教育过程中坚持接纳原则，将孩子当成一个独立的个体看待，保持非批判的态度。接纳是指真正理解、尊重和接纳整体的个人，包括他的长处和弱点，他的适宜与不适宜的品质，他的正面和负面的感受，他的建设性的和非建设性的态度和行为等。但给予接纳的态度并非全部赞同他的行为、态度和建议，也不是给予他完全的肯定和支持。在关于孩子的事情上，家长要与孩子平等沟通，并在沟通过程中做一个引导者，辅助孩子去分析选择、分析产生想法的原因等，以孩子为中心；而不是做一个威权者，说一不二，以自我为中心。给予孩子一种接纳的态度，能够鼓励他们更如实地表达自己、看到更真实的自己，并更容易接纳自己，从而有勇气面对问题。

最后，在鼓励的过程中可以引导孩子发掘自己的优势和潜能，帮助他们对自己的能力持正向的看法，从而促进个人的成长。人的一生会遇到很多挫折，家长在这个过程中可以解构他生活中的负面信息，和孩子共同面对难题，培养孩子的抗逆力和复原力，并在他的心里根植新的希望，鼓励他重新找到目标。

总之，鼓励式教育，即：第一，优势取向，发现优点；第二，鼓励要具体，而不是泛泛地夸奖；第三，鼓励要带着爱和真诚，源于内心的认同，而不是技术。

心理学家詹姆士说过："人类至深的天性是渴求被认可。"当我们看到孩子的优势和长处并给予肯定时，孩子才会感觉被认可，内心才会变得自信。而那正是我们希望看见的啊。所以，为人父母者，不妨尝试鼓励式教育，你和孩子将一生获益。他收获自信阳光，你收获一生美好的亲子关系，你们都会有更幸福的人生。

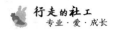
遇见一个少年，请点他的名

任　敏

—1—

2019 年 4 月 7 日，我去武汉塔子湖见侄子，11 岁的帅小伙儿在那里连着三天踢足球比赛。

在宾馆里，嫂子对侄子说："幺儿，你跟幺爸玩啊，怎么自己跑去队友房里看电视呢？"

我笑着搂住小侄子，在他头上亲一口："没事，幺爸看到你就行了，这几天打比赛辛苦了，你去跟同学玩吧。"

真的，彼此见面就够了，亲亲他，这次见面就烙下感情的印记了。

我希望了解侄子的情况。在宾馆的走廊上见到他们的葡萄牙足球教练 Fernando，我笑着跟他挥手打招呼，随后和他攀谈起来。

一个半小时后，孩子们集合准备出发去火车站返回重庆。

我站在走廊上看着这群闹闹嚷嚷、很有活力但又略显疲惫的小孩。

突然一个背着大书包，手里提着球，身材比其他孩子都高大的少年走上来："阿姨，你的英语真好啊！你跟 Fernando 是朋友吗？刚才你们在走廊上聊天，我看见了。"说着话的少年一双闪亮迷人的明眸仿佛也在说话。

"不是朋友。"

"那你……就走上去跟他聊天了？"他有点吃惊。

我笑："那你现在怎么做到的，就来跟我聊天了？"

他愣了一下，笑起来："阿姨，你的英语真好，听着……很舒服。"

"嗯，你也想学好英语吗？"

他显得有点不好意思，又点头说："嗯，想。"

我眯着眼笑："你的英语会很棒的！"

他放松地笑起来，问："你跟 Fernando 说什么？"

我转动眼珠，微耸一下肩笑说："哦~想说什么就说什么咯。"

他一脸的"哇……cool"。

这时候有同学叫他，他转身又回头，略显拘谨地轻摆一下手，脸上带着话没说完的表情快步归队。

— 2 —

我侧身给同学们让路，背靠着宾馆走道的墙，脸带笑意，目送他们离去。看着那少年的背影，心想："如果我还有半分钟的时间跟他说话，我会问他'你叫什么'。"

他会说："我叫×××。"

我会微笑说："我是 25 号的姑姑×××，你很勇敢，很特别。你的英语会很好，就像你踢球的技术一样出色。阿姨记住你了。"

或许我还会跟他握个手，看着他的眼睛说："真的，你信阿姨！"

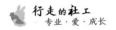

　　这就是青少年鼓励之"点名法"。

　　孩子们总在寻求被看见、被关注、被认可，但是他们离成人世界的"优秀"标准很远，这是难以改变的客观事实。所以多数少年总是被判断为这也是毛病、那也是问题，不够自律、不够独立，等等。

　　那些少年们在这个不断被否定又不断寻求认可的漫长岁月里，如果有机会被一个有力量的人物"点名"，那会是一份幸运——这将在其内心植入目标与自信/他信，于其成长中持续灌输能量。

　　"点名法"或会起作用的原理就是期待效应。但期待效应一般是发生在孩子们与其直接环境中的"重要他人"之间的，一个外人偶然的接触可能对孩子产生期待效应吗？会！那什么样的外人可能发生作用？

　　我从 2005 年开始断断续续地做青少年咨询，问过其中一些人这个问题，我根据他们的描述进行总结：是那些他们信任、仰望，跟他们发生过联结，他们认为有力量的人。

— 3 —

　　我小时候不是个"乖小孩"，一直蹦来跳去、小嘴吧嗒个不停，不温柔不娴静，亦从不知低眉顺眼，传统的母亲和长辈们都不太喜欢，大家都想帮助我成为一个更好的"女孩"，所以经常对我进行"批评指正"。我常暗自悲伤，感觉自己灰头土脸，一无是处。

　　直到我九岁那年夏日的某天，我对自己的这种否定突然就因为被一个大哥哥"点名"而改变。

　　我大哥在家办他的生日聚会，把他高二的同学都请到家里来。其中有一个身形略瘦、剑眉星目、面带微笑的青年，他看起来干净、整洁，身着白色衬衫，左胸一个小口袋，里面放一张对折的 5 块钱。直到今天，我依然清晰记得他左胸口口袋里那张对折着的 5 块钱，因为在当时，那是我大哥一周的生活费。

　　我直勾勾地盯着他，大哥跟我说："这是小启哥哥。"

　　此前我在大哥的相片簿里看到过他。大哥的班上有"四大才子"，我哥（主要靠颜值），以及 B、C、D。B 就是小启哥哥；C 是个才华浪子，幽默逗笑，很得女孩子喜欢；D 是个戴眼镜的闷葫芦，整天读书。当我见到了小启哥哥，我就决定了，我最喜欢这一个。

　　那天大家都很闹腾，他有时候跟着笑，有时候低头看书。听说需要买东西了，他就马上掏出上衣口袋里的 5 块钱，不需要了就收回去，下次需要了他就一下子又掏出来。他的手腕上戴着一块大大的手表——这一切都让我觉得他是个有力量的大人了。他叫我一声"敏敏"，眼睛里都是笑意。

　　大家到溪边玩，他带着我，跟我聊天，然后就发生了这样一个场景。

　　他伸胳膊亮出手表，问我："你学过认钟表吗？你知道现在是几点吗？"

　　此前从没有人教过我认钟表！那天那个穿着桃红色棉布裙子，腰间系带子，领口有打褶压边，觉得自己漂亮，一直高高兴兴围着小启哥哥转的小胖姑娘，在闻言抬头望他的一瞬间，脸红了。

　　他笑，说："你看，是这样的……"

　　我又重新小心翼翼地高兴起来："啊，他并没有嘲笑我无知。"

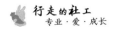
那天傍晚分别的时候，他跟我哥说："妹妹很聪明，好好带她。"

我记得当时那个小小的自己一下子就举手捂住了胸口：我很聪明吗？小启哥哥刚才是说我很聪明吗？所以刚才我认表并没有认错？还是说我认错了，但他还是觉得我聪明？没错，他就是觉得我聪明，他还叮嘱我哥要好好带我呢！

在后来整个青少年时期的无数日子里，每当我怀疑自己是不是笨的时候，我都会想：不，有一个很聪明的上了大学的哥哥特别说过，我很聪明！所以不管怎样，我都要努力变成一个聪明的人。

— **4** —

等到我 19 岁，在 H 大学读书，某天我哥突然对我说，小启哥哥在二炮指挥学院（中国人民解放军火箭军指挥学院）进修。我马上跟我哥要了他的电话号码，周末就跑去汉口看他。那又是盛夏，酷热难当，我穿了身绿裙子。

小启哥哥说他在二炮指挥学院门口等我。快见到他时，我突然十分悔恨过去几个月胡吃海喝导致体重肆意增长，心想小启哥哥会不会嘲笑我从当年那个小胖姑娘变成如今的大胖姑娘……唉……好气自己。

可是小启哥哥见到我，一如当年，笑意满眼，叫我一声"敏敏"，那一瞬间似乎空气里的热浪顿时平息，好像还有风微微漾起。他带我一路走过他们的校园，给我介绍这里、那里。

后来，在他回成都以后我又给他打过电话。他的声音一直温和、热情又透着真挚，跟我讲讲工作、嫂子和女儿的种种，又说："敏敏，过来成都跟我联系啊，一定来玩！"

我心里觉得极暖：小启哥哥没当我是外人。

（这些年每当我追问一个问题——人为什么要活着时，我就会想，至少生活里总可以期待遇见这样充满希望、爱和暖的瞬间，虽不过偶尔，但已足够让人体会生的珍贵和美好。）

小启哥哥，只是当年我大哥诸多同学中的一个，估计他都不曾知道自己会影响那个他叫"敏敏"的小姑娘的青少年岁月；他或许也不知为何，两人只在我九岁的时候见过一面而已，时隔十年，我见他依然那样亲切，而且无论过了多久，我跟他通电话都完全不觉得陌生，反而是仅仅听到声音就扬起笑脸。

— 5 —

又过去 20 年了，在这个星期天的上午，当我在塔子湖莫泰宾馆的走廊上，默默地看着一群少年熙熙攘攘，其中一个高大的少年主动走过来，用他那双美丽的明眸与我对视，"阿姨，你的英语真好啊，你跟 Fernando 都不认识，可你怎么就能那么自如地跟他说话了？……是的，我也想学好英语。"

我也想满眼笑意地望着他，说："你会的！阿姨记住你了。"

因为如今有力量的我也想制造一个机会，让一个尚未确立力量感的少年"偶然"地被"点名"，从而埋下一丝可能，使他的成长新获一种动力，帮助他强化一下他的目标。

一如当年小启哥哥对我。

陪伴留守儿童*

杨加一

"你感觉这些留守儿童怎么样啊？"妈妈问我。

"和想象中有点不一样。"我回答道。

这是实习第一天结束后我和妈妈的对话。大二暑假，我决定将互善联盟（吴忠市互善联盟爱心公益社团）这个服务留守儿童的草根社会组织作为我开启社会工作专业实践学习的第一站，我的服务对象是一个特殊的群体——留守儿童。

— 1 —
"她们和想象中不一样"

实习开始的前一天晚上，我反复翻看关于机构的仅有的一点资料，思考着："明天应该怎么开口说第一句话呢？有哪些话可能会伤害到这些小朋友？我一个连社工小白都谈不上的普通学生要怎样改善这些原生家庭造成的不幸呢？"

带着这些困惑，我第二天一大早就赶到机构所在的社区，小心翼翼地和工作人员打探机构活动室的情况。可是，谁能想

---

* 任敏承担本文中行动的督导及其内容的修改完善工作。

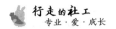

到我紧张忐忑的情绪很快就被二楼一声清脆的招呼声彻底冲散了呢？"你就是来当志愿者的哥哥吗？"我抬头看到一个扎着马尾的小女孩趴在栏杆上冲我笑着。"你好啊，我叫杨加一，你叫什么名字啊？""我叫小雨（化名），其他人还没有来呢，你先进来吧。"

　　活动室的布置很简单，一排写字桌，一排老旧的台式电脑。通过和小雨交谈，我了解到我的任务主要是帮助孩子们完成暑假作业。很快，当天值班的老师带着其他五个小女孩走进来，这五个小女孩看起来和小雨年龄相仿。"这个哥哥是新来的大学生志愿者，你们要跟着他好好学习，有什么不会的就赶紧问人家。"值班老师向刚进来的小朋友介绍道，大家笑嘻嘻地说了声"哥哥好"后便各自回到座位上开始写作业。我一边和老师寒暄了几句，一边心里偷偷想："我作为社会学院的大学生，来到服务留守儿童的特殊机构，当然是要深入弱势群体并且改善他们的生活了，哪里是来辅导作业的呢？"

　　老师走后，几个小女孩马上放下笔开始闲聊。通过小雨的介绍，我也顺利加入她们的聊天，试图通过聊天内容来慢慢探知她们目前的需求和困境。可人家哪里会说起这些事情呢？聊天的内容不过是一帮六年级左右的小女孩再也正常不过的小心思而已。从好看的裙子到喜欢的明星，我在旁边耐心地听着，也时不时插几句嘴，大家嘻嘻哈哈地交流着彼此的想法，我已然忘了先前的紧张与局促，也忘了她们应该是需要帮助的"服务对象"。很快就到中午各自回家的时间了，大家在一片欢声笑语里简单整理了七扭八歪的桌椅，而我实习的第一天也意外地在这样轻松的氛围里结束了。

　　回到家，直到妈妈问我，我才意识到这次初见中的种种

"意外"。孩子们远不是有些媒体中所呈现的敏感脆弱的被救助者形象，她们活泼、开朗，并不需要我如履薄冰地小心试探，而我也好像没有完成设想中一个服务者探寻"服务对象"困境的任务。哪怕这种结果远好过我出发前所设想的尴尬境地，却也偏离了我选择留守儿童作为服务对象的服务预期。我不禁反思：这样一群丝毫看不出异样的小女孩真的是那群因为被"孤苦"裹挟而受到全社会关注的困境儿童吗？如果不是，那我进入机构的作用和意义又在哪里呢？

— 2 —
"她们是那么易于靠近"

之后几天，我和她们每天早上都按时出现在活动室。随着我们之间越发熟络，我开始敦促她们写作业，也时常在休息时与她们闲聊。我渐渐发现，与孩子们建立关系和与成年人建立关系大不相同。我预期这些"特殊"的孩子会因为自己的遭遇而变得敏感、脆弱，甚至会拒绝与陌生人建立关系，而实际上，这些被贴着"弱势"标签的"留守"小朋友，她们是如此易于靠近！小雨和另一个初一的女孩会开心地分享她们和喜欢的男生之间的幼稚可爱的"爱恨情仇"，大家会惊讶甚至起哄。

我看到照片上的小男生，也逗趣地说："哎哟，这么帅啊。"

小雨赶忙点头附和道："是吧，我说的没错吧。"

另一个女生撇撇嘴："反正我是不会喜欢的，看着还没有我高呢……"

"我就喜欢矮的！"小雨急忙插话反驳她。

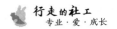

　　大家马上笑作一团。我看着眼前的画面，忍不住想：即使是和预期不同，对于已成年的我，如果没有这次实习，这样发生在小孩子间青涩烂漫的对话，我又有几次机会可以听到呢？

　　就这样，一个最初情怀蓬勃、想要拯救留守儿童于"水火之中"的社会工作专业的大学生和六个小孩子在只有一个值班老师照看的情况下，每天聚在一个简单的活动室里共同度过愉快的 5 小时。后来，我也会带着作业和书，陪伴她们学习，共同交流、分享生活。感情的建立是一个逐渐深入的过程。第一天我还会在中午结束时立刻跑回家吃饭，随着实习接近尾声，我开始感到不舍，我会把六个小女生挨个送到小区后自己再回家。

　　在实习最后一天，我第一次见到了负责安排我本次实习的老师，在与老师交流的过程中，我忍不住提出了疑问，即关于孩子们身份和行为表现之间的"矛盾"——"她们看起来很阳光啊，真的是留守儿童吗？"老师笑着肯定地说："是的，并不是所有的留守儿童都是悲苦的，更多的是正常健康地成长。"

　　我确知了这样六个整天笑嘻嘻的小女生的确是留守儿童或孤儿，她们中大多父母外出务工，一些没有下落或者已经去世，由爷爷奶奶抚养长大。但另一个疑问浮上心头：她们作为小孩子确实在关系中存在明显而巨大的缺失，那么他们是如何得以正常健康地成长的呢？

— 3 —

该怎样守护她们呢？

　　新学期开学，我选修了"儿童社会工作"，在课堂上提出自己的"留守儿童之惑"。老师和同学们纷纷展开讨论，发现不少同学有同样的困惑，即我们在接近服务对象之前，往往以为对方是"弱势"的，而接触后却发现事实并非如此，只有少部分符合"弱势"的形象，大部分都不符合。

任老师追问我们："这种'往往以为'的印象来自哪里？"

我们思考后发现，一般在进入现场之前，我们跟服务对象并无接触，这种印象的形成主要是受媒体报道和文献描述的影响。媒体报道往往追求极端案例，许多文献追求探寻群体性问题以实现影响政策的目的。前者极端化，后者抽象化，或抽离了一般的个体性，或丧失了具体的想象，给我们读者留下了单一印象或刻板印象。

任老师继续说："这就是为什么我们社会工作在实际服务中强调'个别化'原则，而且在面对个案开展服务的整个过程中都要保持高度反思：因为服务对象千差万别，而我们的经验有限。"

我也提出来一个困惑："作为社工，短暂地进入留守儿童的生活，我真的能改变他们吗？改变的机制何在呢？我能做些什么去守护这群身处关怀关系缺失境地的孩子呢？"

经过课堂讨论，我们形成了三个论点。

第一，"去客体化"。一方面，作为自古经受苦难的民族，我们似乎对于他人的不幸具有与生俱来"加码加戏"的想象力，乐于沉浸在一种理想正义中；另一方面，作为以助人为使命的专业，社会工作强调救助和赋能弱者，这很可能使我们在假设上就将对象"弱者化""失能化"。这二者共同作用往往导致我们将对象"客体化"，进而忽略这些"不幸者"具有的主体性。"去客体化"是社会工作者开展服务时始终需要强调的价值理念。我作为可能成为专业干预者的训练生，务必要时刻提醒自己开展服务前和服务过程中的深刻反思，摒弃媒体等外界对于案主本身的形象建构，聚焦个体，具体把握其真实的需求，谨慎看待文献研究和媒体报道为个案贴的标签和设下的污名，从而避免因主观自大而进一步加深对案主的伤害。一言以蔽之，我们要在服务中保持反思，遵循"个别化"原则，关注对象的主体性。

第二，"替代善意"。在课堂上我们从一个问题——"为什么同样是留守儿童，有的孩子就成长得比较阳光，而有的却出现了不良的心理倾向"——拓展到另一个更一般化的问题——"为什么同样是在童年遭遇困境，有的孩子成长为亲社会人格，而有的孩子成长为反社会人格"。

任老师基于她的观察提出以下观点：一是这与孩子本身先天的性格有一定关系；二是如果儿童在成长过程中，其缺失的因素能因各种机遇被补上，即儿童生活中所缺失主体的功能若能被替代性的主体承担（补上），那么亲情（关怀）缺失对孩子的负向影响就会减小。这里的替代功能即提供给孩子关怀性关系，关注、支持、照顾孩子等，任老师用"替代善意"的概念来概括之。"替代善意"能够修复孩子因为关怀性关系缺失而丧失的对环境的信任和深层联结。

这让我想起这次实习经历，我更加清晰地看到儿童拥有一种神奇的能力——不以苦为苦的能力，在"儿童社会工作"课上我们认为这跟儿童天生所有的游戏精神相关。父母对于儿童的良性成长无疑是极为重要的，但这绝不等同于父母关怀缺失的成长必然会导致孩子的成长趋于负向或者不良。来自亲属、朋友、社会等支持网络中的善意都能够在一定程度上替代父母，从而在儿童发展的每个阶段提供支持。也正是因为祖辈的关爱和社会组织、社工以及热心志愿者等的帮助，这些女孩的人生并未因为父母离开而堕入刻板印象里所描绘的"心理深渊"。相反地，她们以一种顽强的姿态不断地从周遭其他善良的、提供支持的人那里一点一点地汲取、储存能量，温暖自身，在一种可替代的善意里成长。

第三，"小环境干预"。刻板印象来自主流叙事，往往比较宏大，但是孩子的成长是在具体的小环境中进行的。这就类似于，我们所处的城市很大，但其实对我们影响最大的可能不过是方圆几公里范围内的那个生活小圈。世界上的人很多，但是影响你的不过是与你有特殊关系或特好关系的人。

"替代善意"的积极意义为社会工作建立专业关系的治愈机制提供了一种合理的解释。如同这6个打破了我对留守儿童刻板印象的女生们，她们展示的热情和开朗，正是因为一直以来社区里都有其他志愿者所给予的"替代善意"。他们帮助孩子们维持或修复了她们对环境的信任，使拥有相同身份的我轻易就能够与她们建立联系。我也与其他善意提供主体一样，帮助她们持续强化与其小环境建立的健康联结。

由此可见，社工的干预不仅在于针对案主的问题，借用专业技术协助其解决，也在于我们以接纳的、支持的、尊重的、温暖有爱的方式去陪伴，去参与建构案主生活的小环境。我们常说社工对案主的陪伴就自有其力量，但是一直没人说清楚为何陪伴会产生力量。从我们所服务的案主在其生活境遇中存在客观缺陷这一点来说，我们的陪伴发生作用，就在于我们提供了"替代善意"，替代性情感帮助那些缺乏稳定依恋关系的孩子拥有情感资本，从而切实守护着这些父母不在身边的孩子。

　　写到这里，我想如果实习结束那天，妈妈再次问我："感觉这些留守儿童怎么样啊？"

　　我会回答她："她们会成长得很好，因为她们的生活里存在'替代善意'。"

孩子失去的那些成长机会，你可能并不知道

任　敏

"家庭社会工作"和"儿童社会工作"两门课都提到，我们对孩子的养育观念要避免重学习、轻人格。作为妈妈和做儿童社会工作的老师，我想，为何要非此即彼，不能同时重视吗？但今天发生的一件事表明，这二者之间还真可能存在着机会竞争。

女儿豌豆上二年级了，一直呈"放羊"状态。因为我和豆爸选择了"自然"的养育方式，俗称"放养"。其实我经常怀疑这是我们大人无力或无心投入管教孩子而给自己找的一个心安的理由。

— 1 —

2020 年武汉疫情解封后女儿回到武汉，我开始给她立规矩，起码要完成作业。

昨天是执行的第一天。晚上快七点，她说去好朋友边边家玩儿，我说"你确定都完成作业了就去吧"，她说"确定"。我想了想，整个五一假期的作业都做了，4 月 30 日要修正的

作业也修正了，应该是差不多了，就允许她出去玩了，说好八点半回来。

没想到七点半的时候，数学老师给我发信息："豌豆4月29日晚上的数学作业还没有修正。"

我脑子"咣"一下，回复老师："好的，谢谢老师。八点去叫她回来做。"

我继续工作，八点半时对豆爸说："快去叫她回来改作业，说好了要立规矩！"

爸爸出去转了一圈后，一个人回来了。"她在楼下跟小朋友们玩捉迷藏呢，我就让她继续玩了。"

我："可是她已经玩了快两个小时了！——她玩得高兴吗？"

爸爸："非常高兴。"

我："那——好吧，让她多玩会儿吧。"

— 2 —

到九点了，距离"承诺"老师的修正作业时间已经过去一个小时了，我忍不住下楼叫她回来，回家后一如既往地"偷懒"式地勉强完成了作业的修正。

晚上陪她听了故事，关灯准备睡觉，进入卧谈时间。

她："妈妈，今天我获得了一个重要的成长。"

我："是什么？"

她："妈妈，是勇气，我明白了勇气的力量！"

我："哦？你怎么认识到的？"

她："我今天去找边边玩，可是边边要写作业，我就下楼，看到一群小朋友在那里玩猫抓老鼠的游戏，我在那里观察了一会儿。然后你知道吗，我做了一件大胆的事情！"

我："什么事？"

她："我鼓起勇气去问他们：'请问我可以加入你们，和你们一起玩吗？'你猜什么，他们说'好啊，这样我们就多了一只老鼠了'，于是我就高高兴兴地加入了。因为我当老鼠的时候总是被抓住，所以我就去当猫，简直当了一百遍猫啊！但是，妈妈，我很高兴啊！"

我纳闷："可是那跟勇气有什么关系？"

女儿："妈妈，我没有告诉过你，其实我是很怕人拒绝我的。以前，我路过那里好多次，看见别的小朋友在玩，我很想加入他们，但是因为我跟他们不是同一个学校的，我也不认识他们，我总觉得我可能是不受欢迎的，所以我很少开口。有时候我开口了，但是没人理我，我就认为他们不欢迎我。可是今天，我鼓起勇气再次申请加入，他们立马就答应了。妈妈，现在看来，我觉得别人会拒绝我，那只是我自己的想象。而且以前我说'我能跟你们一起玩吗'，别人没有理睬我，不是人家拒绝我、不喜欢我，而可能是因为我说话声音太小了，他们根本没听见。妈妈，你看，我是个又可爱又有礼貌又有趣的小孩，人家怎么会不愿意跟我玩呢，对吧？"

我笑："就是啊。"

她继续说："妈妈，以前我认为人家会拒绝我，就站在一边看着，也许别的小朋友心里还在想：'看那个小孩，好奇怪啊，为什么不来跟我们一起玩呢，难道是看不上我们吗？难道是认为我们很幼稚吗？'说不定他们也认为我在拒绝他们呢，是吧？"

我笑："是啊，完全可能呢。"

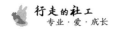

女儿继续说："妈妈，我今天的成长就是：第一，我认识到了勇气的力量，很多时候我们不要被自己的想象吓住了，我们要勇于去尝试；第二，如果我尝试成功，那是非常快乐的事，所以值得去尝试；第三，我们如果对自己有某种不好的想法，那可能别人还反过来这么想自己呢，是不是？如果我认为人家会拒绝我，那人家还可能认为我会拒绝他呢，是不是？小朋友们应该都是一样的。"

我呵呵地笑，说："是啊，这里你的第三个意思，有个成语，叫作'推己及人'。"

我想想又说："女儿，其实被人拒绝是很正常的事，即使你很好，你也可能被拒绝，比如对方心情不好啊，或者就像你说的，对方也被自己的想象吓住了啊，又或者对方就是不喜欢你这种类型，但是那有什么关系呢？总之，请你记住，妈妈觉得，人家接受你，可以说明对方认为你是好的，但是人家拒绝你并不代表你不好，我们可不能因为一次两次被人拒绝就否定自己，明白吗？一个人好不好，其实他身边最接近他的人才知道。所以不必在意偶然遇见的人的态度，你按照礼貌原则和为人考虑原则去做就行了。"

想了想我又加了一句："而且在你身边的人也不一定真的了解你，还得那个人有脑子，对你有心，就像妈妈这样。"

女儿哈哈大笑："妈妈，你好自恋。"

这时爸爸进来催促我们睡觉。

我对女儿说："啊哦，爸爸'推门而入'了！"

女儿笑。

我又说："女儿，知道妈妈很喜欢跟你睡前聊天吗？我俩怎么那么好，如此'推心置腹'呢？"

女儿哈哈大笑，翻到我怀里。我亲她一口说："好了，妈妈好困了，推妈妈及女儿，你也困了吧，我们睡吧，晚安。"

妈妈，今天我获得了一个重要的成长，明白了勇气的力量！

……哦？

— 3 —

她睡着了。

我爬起来工作。看着夜幕，回想今晚，心想：完了，今天第一天的"按时"交作业的规矩又没立起来……但是这也没关系，她今天竟然认识到了"勇气的力量"，这确实是重要的成长。

我当然可以八点就去"捉"她回来，但是这样一来，第一，她玩的时间会变短，不能充分享受"勇敢地尝试"所带来的欢乐。反之，得到足够的心理奖赏可以使她未来倾向于强化"勇敢尝试"的经验。第二，我强制她从快乐中离开，可能会破坏我们的亲子关系，我就错失了一个她愿意跟我分享其

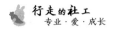

成长的机会，而她会失去一次经历总结、理清思路以及分享并得到他人肯定的历程经验，也少了一次强化的机会。正如此前，我觉得她是在陌生人前有些拘谨，但并不知道于她已经形成了一种较大的心理阻碍，以至于开口要求和别人一起玩，竟然是需要"勇气"去"突破"的事情，这次经历于她竟然是达到了"获得一次成长"的高度。

我理解，重视学习并非必然就会替代掉重视品格发展，但有时二者之间可能会出现机会竞争，这里面存在一个机会成本的问题：让孩子花更多的时间"学习"，他去接触小朋友、接触大自然和去玩耍的时间就更少。过于重视孩子成长中的一方面，必然就会侵占其他方面的注意力和时间投入，而那些时间和注意力的投入也是孩子的成长机会。而且，完全也有这些机会失去了而我们并未察觉的可能。

这就是我在做青少年心理咨询时常常遇到的情况，青春期的孩子在心理上的困惑不断累积，直到终于出现了问题，父母却一脸疑惑："我们并没有做错什么啊，我们觉得自己已经做得足够好了……"但其实，这可能是我们不知道、我们没做到罢了。作为大人，其实我们知道的很少，比如孩子的一些成长机会，一旦溜走就不留痕迹了，我们可能就永远不知道自己失去了。

做父母和儿童社会工作都不易，还需要我们多反思。

挫折教育不是挫折后教训，而是挫折后支持*

李千喜

— 1 —

前段时间和弟弟视频，弟弟让我猜猜他的月考成绩。看他一脸得意的样子，我料想他考得不错，但又怕他骄傲自满，想打击他一下。

于是我就说："以你的水平，数学估计九十几，英语和语文估计也上不了一百，总的来说，你能考到三百分以上就不错了（语数外各 150 分，总分 450 分）。"他一听完就不太高兴地说："我考了 338 分。"怕我不相信，他又说："现在成绩单还没下来，下来之后你就知道了。"我心里肯定是相信他的，但其实对他的成绩依旧不是很满意。作为姐姐，我总是希望他好好学习，对他的要求一直也比较高。

过几天我就把这件事情忘了。没想到有一天晚上十点多的时候，妈妈发来一份弟弟他们班的成绩排名和分数明细，说是弟弟一定要让我看看成绩单，证明他真的考了 338 分。我看完，心里不由一动。我早已忘了这件事，只是当时随口一说，

---

*　任敏承担本文中行动的督导及其内容的修改完善工作。

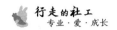

但没想到弟弟一直还记得。我赶紧回复说："我看见了，棒棒棒！"连说三个"棒"，还配了个夸奖的表情，以安慰一下被我伤害的弟弟。

　　放下手机，我不禁开始反思。弟弟成绩虽然一直不太好，但这次月考的确有了进步。为什么我不能好好夸奖、鼓励他一下，第一反应却是去打击他，为什么我会这样？

　　仔细一想，我选择打击而不是夸奖弟弟，是因为在我的认知里，一旦夸奖弟弟，他就会飘飘然、不思进取，多批评反而

会让他上进努力，但我忽略了批评给他带来的伤害。这一认知
又是从哪里来的呢？

似乎从小到大，总会遇到一些家长和老师，无论孩子做得
好不好，都很喜欢打击孩子。我们经常会开玩笑说老师通用的
口头禅是："你们是我带过的最差的一届；整个走廊就你们班
最吵……"但班级成绩进步了，老师却只是随口一提。虽然是
一个玩笑，却是很多人真实经历过的。优点、长处总是被轻描
淡写，缺点、短处却总是被无限放大。因为怕我们骄傲自满，
老师经常用打击的方式来提醒学生努力学习。总是被这么教育
的我，不知不觉中内化了这种观念并将行动施加给了弟弟。

我真心希望弟弟可以好好学习，因为自己深知学习的重要
性。我希望他可以少经历以后的挫折，少点后悔，但无形中犯
了一个自己也讨厌的错误：将自己所谓的过来人的经验强加给
他。自己很讨厌长辈这么做，但自己不知不觉也变成了这样。
意识到自己的错误之后，我开始思考如何改变这种非理性的思
维，以恰当的方式引导弟弟正确面对挫折。

— 3 —

这几天，我无意间在网上看到了一个话题：我们真的需要
挫折教育吗？

看完网友的分享，我有了更多的感悟。家长经常会说：
"你们这一代孩子就是没吃过苦，不知道生活的辛苦。"可事
实真的是这样吗？对于家长那一辈来说，生活的苦更多的是筋
骨之劳苦。而对于现在的孩子来说，他们承受的则是来自学业
和工作等方面的压力，这些都是人生道路上的隐性挫折。

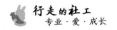

挫折教育本身并没有错，错的是父母和老师的方法。挫折教育的本意是希望受教育者在遭遇挫折时能够正视挫折、激发潜能、掌握知识，以增强抗挫折的能力。但以爱之名给孩子故意制造挫折，实则伤害了孩子的自尊心和自信心，这不是一种正向教育而是一种伤害。孩子需要的不是以"为了你好""怕你骄傲"为理由的贬低与批评，而是一句由衷的赞美和鼓励。那些被挫伤的地方不会变成孩子最强壮的地方，反而会成为最脆弱的地方。一个孩子从小到大自然会遇到很多挫折：学习困难、友情困境、健康问题……这些挫折就已经需要孩子花费大量时间和精力去处理，所以教育者们没有必要人为地设置无端的挫折来锻炼孩子。现实中发生的很多悲剧应该令我们警醒。

那么孩子真正需要的挫折教育是什么样的呢？我跟任老师讨论，她说："每个孩子都不同，我们不用自己去猜测，你何不直接问弟弟呢？他当然知道自己遭受挫折的时候，希望怎样被对待，自己才更能感受支持和激励，对吗？"

对，这就是"儿童社会工作"中所说的"重视儿童的主体性，向儿童赋能，听儿童表达自身需求"。

— 4 —

于是，在一个周末，我打电话给弟弟，直接问他："当你遇到挫折的时候，你希望爸妈、老师或者姐姐怎么做呢？我们怎么做才能更好地帮到你呢？"

弟弟说："首先啊，我希望你们不要打击我，我遇到挫折已经很伤心了，你们如果是希望我好，那就多支持、鼓励我啊，而不是指责我。"

　　电话这头的我默默地想：是啊，当遇到困难时，孩子的心情已处于低谷，额外的批评不会像我们预想的那样达到反向激励的效果，只会更加打击他的积极性，令他怀疑自己的能力。比如孩子因为成绩不好而沮丧时，如果你一上来就告诉他"我就知道你考不好，都怪你平时不好好学习，只知道玩，你看看隔壁家的小孩……"孩子则会因为受到批评而更加自责，也更容易自我放弃，而不是化悲痛为力量。可见，面对孩子的沮丧，首先，我们要认可其情绪，表示自己能够理解孩子的心情。因为成绩不好而沮丧，说明孩子有上进心，难过也是情有可原的，别人遇到这种情况也会陷入沮丧。其次，我们也可以进行自我披露：之前自己遇到类似的挫折时，也伤心了很久。基于此，来拉近与孩子的距离，让其感觉到你是能够体谅他的。最后，以积极的态度鼓励他，表达自己对他的能力有信心，对未来报以希望和憧憬，给孩子重整旗鼓的勇气。

　　弟弟又说："我还希望你们能够多看一下我的优点，不要老是揪着我的错误不放，我也是有很多长处的。"

　　我在电话这头默默地点头。是的，当我们看到不好的结果时，总是下意识地指责孩子的不足，却往往忽略了孩子身上的闪光点。比如，孩子辛苦训练最终却没有被选入足球队，我们可以说："别的孩子都在玩的时候你却能坚持练球，有这种毅力和自律就已经很棒了，并且你认真踢球的样子真的特别酷。"了解并肯定孩子的付出，发现过程中的闪光点，会让孩子对自己有更多的认可，知道自己的付出不是白费的。

　　我说："弟弟，抱歉，姐姐以前有做得不好的地方。原来你是这样想的，姐姐现在知道了，以后我会注意，也会跟爸爸妈妈讲。"

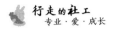

弟弟不好意思地笑起来，又说："嗯，姐姐，要是你们能在我遇到挫折和心情不好的时候，带我去吃一顿好吃的，我心情肯定会好很多。"

哈哈哈，真不愧是个小吃货，只要吃饱就能解决很多烦恼。不过仔细一想，以适当的方式释放遭遇挫折后的低落情绪也是必不可少的。尤其对于孩子来说，吃一顿想吃的东西、看想看的动画、做自己喜欢的事对于缓解情绪都是有帮助的。或者也可以通过运动、唱歌，甚至大哭一场等方式释放情绪。将情绪压抑在心中并不就是成熟长大的标志，合理地宣泄出来对于身心都是更有帮助的。

最后，弟弟说："姐姐，其实，最重要的是大人们能和我一起分析导致失败的原因，一起探讨解决的方法，帮助我，以便我下次做得更好。但是，态度要温和，是以想要帮忙的态度，而不是用责骂或打骂的方式。"

— 5 —

弟弟说得多好啊，孩子的意愿应该得到大人的尊重，孩子的主体性不应该被家长们剥夺。我们自以为是的"激励"和"鞭策"，往往伤害了孩子们的心灵。我们的威权文化常常把教育简单化地等同于训诫、责备的负向激励方式。但我们真正需要做的挫折教育，不是在孩子经历了困难之后训诫、打击、刺激、鞭策他，让他感到雪上加霜、更加挫败，而是理解他、支持他、鼓励他，引导他分析问题，制定改变策略，用优势视角去提醒他他还有的那些优点，使他恢复自信。

挫折教育，不是挫折后教训，而是挫折后支持。给孩子足够的爱，做他的强大后盾，再让他去室外经历风雨。不贴标签、不贬低，相信孩子，并鼓励他们，告诉他们挫折只是成长的契机，支持孩子的天性，鼓励他们成为最好的自己。这才是科学的教育态度，也是我们儿童社会工作所倡导的挫折教育理念。

"不快乐，没意思"：请理解孩子的快乐诉求

任 敏

—— 1 ——

女儿在 4 岁时就跟我感叹生活没趣，我第一次听见时觉得很受冲击。"你这么个小屁孩，说什么人生没趣，妈妈压力这么大都没说呢，敢抢我台词?!"当 6 岁的她再次说"生活很没意思"时，我微微叹了口气。当前一阵子，她跟我说"每天都不开心"时，我想了想，也能理解她了，每天都被要求、被批评，有趣的事我们似乎都不允许孩子做，却总是要求他们做没趣的事。哎，我们为什么不能将必须做的事变得有趣从而吸引孩子呢？

我想了想，对她说："可是妈妈觉得生活还蛮有趣的呀，如果你觉得没趣，那妈妈怎样才可以帮到你？"

她说："妈妈，我希望我的生活里少一些难过和哭，多一些开心和笑。"

我就说："宝贝，我们来做一个项目吧。如果一天中，你有三次不开心，那妈妈就让你开心三次，好吗？你喜欢讲笑话，那妈妈每天都跟你讲笑话，好不好？"

女儿一下子就兴奋起来，乐开了花："那妈妈你听你听，

我来讲一个……"

嗯，后来我发现，每天的笑话几乎都是她来讲的，在这个"亲子开心两三刻"的项目里，我就是个捧哏的……

— 2 —

比如，某天我接她放学，一起出学校大门，我问她："宝贝，今天回家坐什么车？"

她说："坐有轨电车。"

我："为什么？"（我嫌有轨电车慢。）

她："为什么不呢？妈妈，难道这大白天的你还怕'有鬼（轨）'吗？哈哈哈。"

我停顿了片刻，猛然醒悟，笑说："你这小鬼！"

一天跟她一起走过学校的停车场，她指着一辆车车屁股上的一张贴纸念道："别亲我……我是靠脸吃饭的。"

她不解地问："妈妈，这太奇怪了，这个人怎么能靠脸吃饭呢？他应该是靠钱吃饭的呀！或者像我这样，靠妈妈和爸爸吃饭呀。再或者……我们人也是靠嘴吃饭的呀，靠脸怎么吃饭？难道要把脸埋入饭里吗？哈哈哈，脸埋到饭里，太好笑了……"

我闻言不禁莞尔，回头看她。那时她正路过一棵树，突然屁股一歪靠了上去，再咬一口手里的蛋糕说："或者是靠树吃饭也行啊……"

我呵呵地乐了，回说："嗯，中国的北方人都是靠墙根吃饭的……"

早晨送她上学，她骑着滑板车，不小心"咚"的一声撞路边的篱笆上了，我说："你小心撞得眼冒金星呀。"

她哈哈笑："妈妈，我会撞疼，但不会眼冒金星，那只是比喻。我们是人，脑子里是不会冒金星的，如果冒金星了，那就是脑子撞坏了。"

我笑。

她突然说："妈妈，假如你突然长了一对翅膀，你要做的第一件事是什么？"

我笑，伸长两只胳膊上下扑腾："哈哈，振翅飞上青天啊。"

她鬼鬼地笑："妈妈呀，第一件事情是你该去医院啊……我们是人啊，人怎么可能长出翅膀呢？那如果不是身体出了问题，就是脑子出了问题……"

我，看她一眼，无言以对，只好默默地做出一副眼冒金星的样子……

女儿哈哈大笑。

— 3 —

我曾经问过女儿，人的品质里什么最重要，她说"幽默/有趣"。她曾经问过我生活里哪三件事最重要，她自己的答案是：生命、健康和快乐。我又曾经多次跟女儿用提词法来测试她所看重的我的特点，有时候是"妈妈爱我、有趣"，有时候是"妈妈温柔、有趣"，有时候是"妈妈陪我玩，很搞笑"……不管怎样，每次她都会提到这个"有趣"。

密友家的儿子今年上初一了，他从小也是一个特别喜欢讲笑话的孩子。他对密友说："如果把天下的妈妈都排起来让我们孩子选的话，我还是会选你，因为别的妈妈都没你有趣。"而我这个教大学生的老师也是很让小朋友们喜欢的，其实没什么法宝，就是不那么严肃，像他们一样搞笑罢了。

这是很有意思的，"有趣"成为这一代孩子看重的一种素质。其实不仅是孩子们，成年人也同样喜欢幽默。在那件著名的"高晓松和吴彦祖你选谁"的网络群欢事件里，"好看的皮囊千篇一律，有趣的灵魂万里挑一，所以我选吴彦祖"一句脱颖而出，它以一种意想不到的反转达到了风趣幽默的语言效果，引得网友捧腹大笑。有趣或准确地说搞笑放松，成为这个时代人们的一种显著需求，所以抖音会在大众中流行一点也不奇怪，短视频中风趣幽默的台词和剧情是抖音的流量密码。但

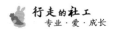

成年人的有趣诉求不同于孩子们的，此处不论。

有趣意味着什么？让人欢笑，让人快乐。哎呀，不得了了，这一代孩子是堕落了吗？就只知道追求快乐/搞笑吗，这么浅薄？这是"这一代"人的问题吗？还是只是处于一个特殊阶段的人的问题？

有两个朋友都给我发过一条信息：重庆3个十几岁的女孩手牵手从18楼跳楼，再无生命体征。又有数据说在15～34岁的青年人中，自杀成为第一死亡原因；自杀群体近年趋于低龄化。他们问我："听说现在有孩子甚至相约自杀，这一代孩子怎么了？"

是啊，现在的孩子怎么了？生命那么可贵，为什么这些孩子可以如此轻易地放弃？

很多人去指责这些孩子太不负责任了。"怎么不想想爸爸妈妈？不想想社会？""真是条件太好了，没吃过苦，太娇气，受不得一点委屈，我们当年没吃少喝的，还挣扎求生呢……"

这都是以成人的框架去看待这些孩子的行为，结果就是不理解。

"怎么不想想爸爸妈妈？"

因为很可能要么就是爸爸妈妈是导致孩子自杀的根源，要么就是孩子与爸爸妈妈的联结弱了，并不足以抵御他们感觉到的苦……

"怎么不想想社会？"

社会对他们是一样的。要么对他们来说社会本身就是一种钳制，要么就是社会对他们发出的信号视而不见。他们不会感恩社会，因为觉得自己被压迫、被抛弃，或者觉得自己根本就是个没用的人，因为社会中无人认可他们的价值。

"他们没受过我们当年的苦。"

是的，他们就是没有，这一代跟我们的上两代已经不同了。人类的生活是代际累进的，压垮我们上一代的或许是缺吃少用，压垮我们这一代的是追求更高生活水平的压力，而压垮下一代的或许就是"莫名"的精神之苦了。他们吃穿不愁，用好的住好的，是追问自由、尊严、幸福和价值的一代。

你说，他们有什么价值追求呢？只知道快乐，竟然不快乐毋宁死？真是肤浅！——其实这才是肤浅地看问题。

人有生物性和社会性。孩子在小时候就是类动物的存在，生物性是其主导属性。他们擅长表达爱，以爱紧紧拉住"妈妈"或抚养人，以保证他们能够给自己供应物资、情感和安全。孩子们萌萌哒、爱浓浓、语甜甜的举动就是受其生存本能驱动的，那是他们的"本事"（我们上一代人在艰苦条件下的"本事"是懂事听话，帮爸妈干活）。

同理，快乐原则是本我原则，那就是孩子们的行为主导原则。我怎么活下去？对尚未完成社会化的小孩和少年来说，就是建立在吃穿不愁之上的快乐。所以你可以发现，在人类的各个生命周期里，孩童阶段是最喜欢玩耍和做游戏的。那是孩子们于"艰难"求生中所看重的主要酬赏。不然呢，给社会主义建设贡献力量、为了民族之崛起而奋发、为了建设人类更美好的未来？这种宏大的意义自然对人也是有支撑力量的。但这种力量的发挥不在儿时，而是在人经历社会化时，在这些东西被反复灌输进入我们的脑中，最终内化为我们的信念之后。在那之前，请让孩子们安然度过"求快乐"的童年和少年时期，快快乐乐地长大吧（但是进一步说，面对未来究竟要给孩子们"灌输"什么样的价值才有效、才对他们未来的人生以及

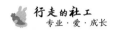

社会的发展有利，这很需要讨论）。

也就是说，人的社会性是在社会化过程中逐渐获得的，在成功社会化之前，他们遵从生物性的诉求——快乐原则。我说的"成功社会化"，是指孩子们如他们的父母一般既获得在社会中求生存的技能，又获得人生存的意义指南。这都需要通过社会涵化和教化来完成，随着现代社会教育的普及，"成功社会化"越来越依靠前者来完成。

社会涵化往往是趋从传统脚本，比如成家立业、娶妻生子、开枝散叶。所以，生活在大城市里、受过高等教育的"人们"，被父母频频催婚甚至逼婚的现象已然是司空见惯了。对于这些父母来说，他们认为人生的价值就是成家、立业、生子，所以光立业是不行的，更有甚者认为，从大学毕业就已经算立业了。人生往后，就得成家、生子。

是的，他们不接受不婚主义，也不接受丁克主义，因为于他们而言延续香火就是人生的价值和意义，女人的价值和意义也在于此。这种概念是他们在社会中被传统涵化而习得的，历经多年已经深深刻入他们的观念。但是，孩子们已经从教育系统里接受了新的意义和价值体系，不认同父母那套了。所以常常发生冲突，谁也不服谁，往往落得两败俱伤的结果。但其实我们不应该苛责父母的执念，因为那是他们的人生意义啊！你去农村传统思想保留相对完整且鲜明的地方看看，父母一生的追求就是养大孩子，并让他们成家、传宗接代。有些父母进了城，也不过是穿上了城里人的衣服，内心对生活的理解是既难觉知又难改变的。

童年和少年时期是快乐原则时期，此后进入理想原则和现实原则时期（这里的划分与弗洛伊德有所不同，暂不讨论）。但若现实太苦了，则需要更宏大、更有力的意义/理想来支撑。当然，这里的阶段划分只是个粗略的概念，实际上，很多人到了大学还无法建立起明确的价值追求，所以感觉人生虚无、没有意义，于是选择轻生了；有的人毕业进入工作岗位建立起表层或短期的价值体系，当他们认可的人生目标遇到阻碍，比如晋职加薪受到重挫，那么人生就没有意义，于是选择轻生了。

这里就回到我们的教育体系了，在城市化、工业化、大流动、大转型、大发展的现当代，我们主要依靠教育历程来建构认识世界的工具，以及理解自身的框架。但是我们的教育准备好了吗？或者说，意识到这种代际差别了吗？

我们的教育总是上一代人来教下一代，基本上是过去经验驱策型的教育，而非面向未来型的教育。时代变化太快，我们却还是试图把受教育者拉回旧框架——"就该让他们多吃苦"。我们"大人"是否放下过身段去尊重下一代、倾听下一代、了解下一代，认可他们与我们的不同？孩子们固然可能追求不同的东西，但是他们有自己的价值体系，会去承担历史赋予的使命。我们是否询问过他们的需求，与他们共商我们如何一起解决"你们需要我们教什么""你们希望我们怎么教"的问题？

当然，这并不是否认我们上一代人教育的作用和能力，教育本就内含引导之意，这里强调的是我们教育从业者不是根据自己过去的经验来引导下一代，而是让既有经验必须在持续学习以及面向未来的思考中去更新，基于下一代孩子的特点、诉求及其所处人类社会发展阶段的特征去探索建立更有效的价值体系、知识体系及引导方式。

个人认为，今日教育若面向未来，鼓励下一代在认知世界

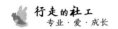

的同时也认识自己，此时应充分建设自身优势能力，以达到成年后能自由地发挥能力、从事创造性工作，那么他们亦会爱人，过面对挑战却有幸福感、成就感的人生，这应该比较符合趋势，这样的价值传递或许更符合下一代的潮流。

我们要对孩子们说："我们理解，你们与我们不同了，但我们之间也有一些相同之处，比如漫漫人生，我们都需要基于对世界和自我的认识，为自己建构一个生存下去的意义和追求的价值，这是被称为理想和梦想的东西，涉及我们与世界的关系、与他人的关系、与自己的关系。孩子，我想告诉你我的经验，希望对你建立自己的价值体系有所启发。"

人，总体上，儿时活快乐，长大后求意义（建构的价值体系）。

我理解这一代的孩子们，精神之苦乐很早就降临于他们。我们需要给予他们快乐以撑过童年和少年期；与他们公开讨论人生的意义，帮助他们建立一生的价值追求，让他们也认同自己的价值。

如果人生既快乐又有意义（且有实现的希望），谁又会舍得放弃？

青少年的成长：从困惑到行动，
"回应"来架桥*

张雨欣

— 1 —
不当的回应

理论课上，在讲到"社区回应"观点时，任老师和我们提起了两年前女作家林奕含自杀的事情。《房思琪的初恋乐园》一书出版后，社会对她的负面评价给了林奕含巨大的压力和负担。当时无数人的污蔑，甚至侮辱，把这个生性敏感、伤痕累累的姑娘又往深渊里推了一步。

尽管身在课堂，老师讲得理性，我们也听得理性，但其实大家内心都不免沉痛。联想到这两年，尤其是最近，太多公众人物在自杀后瞬间被所有人理解、得到了全部人的"爱"，而明明在得知消息的前一秒，还有键盘侠把"矫情""做作"等词如脏水般泼到他们身上——这种隔空的精神暴力也是推动悲剧发生的加速器吧？

而身为普通人的你、我，也曾被不当的社区/社会回应"伤害"过吗？

---

* 任敏承担本文中行动的督导及其内容的修改完善工作。

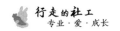
— 2 —
缺位的回应

上小学以后，每周末晚上我都会和爸爸妈妈出去逛超市。从超市的收银台出来，有一个透明的玻璃箱挂在墙上，上面贴了红十字会的标识，写着"所有善款都将用于资助贫困山区的儿童"。每次我都会问爸爸妈妈要找零的几角钱，再塞到那个箱子里去。

但不知道从什么时候开始，有人开始传"这里面的钱都进了超市老板的兜里，根本没捐出去，我们还在给老板送钱"这样的话。还有人计算，虽然几十块钱就可以把这个小箱子塞满，可一天塞满几次，一个月下来也是一个不小的数目呢。

曾有一段时间，我在超市里频繁听到这样的言论。作为一个几岁的小孩子，我不知道真假，更没办法去深究，即使是问爸爸妈妈，他们给出的也是"不知道、不确定"的答案。慢慢地，我便很少再去问爸爸妈妈要零钱，更少走到那个箱子面前了。慢慢地，我不再关注那个箱子，后来我连它什么时候消失的都不知道。

毫无疑问，社区（包括群体和他人）的回应对个体的影响是巨大的。有时候这是一个外在行为的强化/减弱的过程：当我们的某种行为发生后，他人或社区以各种形式给予我们回应，而这种回应不论是积极的还是消极的，总会进一步刺激行为的增加或减少。社区回应更重要的还是一个道理澄清的过程，一个内在品德教育的过程。人在江湖，身不由己，每个人的行为都会留下"社区回应"的烙印。

— 3 —

矛盾的回应

我刚上小学时，街上有很多乞讨的流浪者。每隔几天，我都会在上下学的路上遇到这样的人。妈妈总会停下车，把兜里零碎的纸币或硬币小心翼翼地放到他们跟前。就这样，靠着你两角我五毛地"献爱心"，那些人勉强能够填饱肚子，情况乐观的时候还能买两个肉包子开开荤。

可不知道从什么时候开始，街上开始出现一些断腿、断胳膊甚至眼睛瞎掉的孩子们，他们或拖着残缺不全的肢体，或用一双空洞洞的眼睛坐在那里不知望向何处。无一例外的是，他们面前都摆着坑坑洼洼的小铁碗。孩子的悲惨遭遇总是更容易引起人们的怜悯，伸出援手的人以肉眼可见的速度增多。

终于有一天，省里的报纸把这件事情报道了出来。不同的是，成为事件焦点的，是那些拐卖、伤害儿童的人贩子。那些孩子身上的伤全都是人为造成的，人贩子们打断他们的胳膊、腿以博得路人同情，并通过这种方式"赚黑心钱"。报道一出，立刻引起很大的社会反响，每个人都愤懑不平、因人贩子利用路人的善良进行诈骗而怒气冲天。除了协助警察办案外，很多人都自发地漠视这些孩子，好像谁再伸出援手，谁就成了罪人。

几乎没有人再给他们钱了，我的妈妈仍然会给。她会在买菜的时候故意经过菜市场的角落，找到那些蜷缩在角落里的孩子们，在他们把头埋到胳膊肘里的时候，轻轻地放下几张纸币。

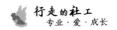

看着有些格格不入的妈妈，我也疑惑她为什么选择"逆流而行"。她没有和我解释太多，只是告诉我："如果今天一分钱都拿不到，这些孩子回去后可能就吃不到东西，甚至会被打的。"

七八岁的我在看到很多大人在这件事上的态度后，也学着将恶意转移到那些无辜的孩子身上，认为对方是骗人的工具，谁再给钱谁就是"傻子"，甚至看到他们就感到莫名的愤怒，到最后直接无视这些孩子的存在。但幸运的是，妈妈"特立独行"的榜样示范，削减了社区人群的冷漠态度对我的影响，但我内心仍然困惑重重。

在每个人的成长过程中，社区回应对其行为习惯养成的影响都不可忽视，而矛盾的社区反应则让我们迷茫。当我们成长，逐渐有了思考力，但大人们却没有从智识上对我们进行回应澄清时，这些相互矛盾的外在行为无疑会让我们更加困惑。

— 4 —
终于得到回应

课后，我把自己的经历全都写在了周记里交给老师，还提到了自己无法释怀的一件憾事。

初中放学回家的路上，我和同学骑着车，在巷子口看到一个身上黑乎乎的男人瘫在路上。我们并不知道，他是喝醉了，还是发病了，抑或是出现了意外。我试探着问同伴要不要上前去看一看，她想了一会儿回复我："会有人来扶他的，我们还是先走吧。"联想到当时发生的一系列"扶老人反被讹"事件，我也有点蔫儿，硬着头皮从路的另一侧骑车走开了。

课上，老师说："每个人都难免遇到'不敢帮助'的遗憾，但那并不代表我们不道德或是我们有错。与其说那种'不敢'是我们的懦弱，不如说更多的是在提醒我们，如果要做眼前的好事，可能不只是'把老大爷扶起来'那么简单，而是追问这种做法的后果，从而考虑到未来可能的风险，做一些必要的前置操作。"

比如，当事人神志若清醒，就打开手机录像，先问一句："您怎么摔的，需要我帮忙吗？"如此得到对方的"授权"以及事前留证；又或者问问身边的人："这个人摔倒了，看起来需要帮助，我打算去扶起他，能请你为我作证我不是肇事者而是好心帮忙吗？"我们要相信旁观者或许存在跟我们一样的善心、一样的犹豫，当对方做好事不用付出多大代价、不会承担风险，他们的公德心和善意也会被激发，很可能就受到你的感召与你一起来行动助人了，最起码是愿意帮助你作证的。当然也建议多邀请几个人来作证，以防未可预料的变化。

这算是比较"保险"的助人又自保的策略了。当然也看具体情境，情境不同，策略之间也有差别。在有的情境里其实也可能别人是倡导者，或者是"莽撞"的行动者，而那个时候我们就可以主动参与进去，例如帮忙去留证，主动去帮助保护助人者。总之，在那样的情境下，我们总是可以有所作为的，而非只是纠结一番离开，或者害怕良心不安而安慰自己说"别人会来帮忙的"。

我好像突然明白了自己一直在纠结的地方，有点兴奋地问老师："这就像是搭建临时的社会支持网络？"

任老师笑起来眼睛弯弯，说："对呀。"

其实，在生活中，每个人都像那个在沙滩边拯救搁浅小鱼

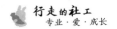
的小男孩儿。他人回应的海浪拍打在沙滩上，留下了不同种类的小鱼仔们：这种是肯定，那种是鼓励，有种是建议，还有一种是质疑……每条小鱼都想被拯救，而每种回应我们也都在乎。在我们的成长过程中，这些小鱼会被我们一直记挂着，这些因为被回应而产生的"心理阴影"，如果不能被再回应或修补，就会成为心里永远的遗憾。这次，老师的回应修补了我的那个遗憾。

在上"社区回应"这节课之前，我会因为人们对做好事的各种正面或负面的"回应"而纠结自己要不要去帮助。但在这次课之后，我就知道了，如果再次遇见处在困境中的人与事，我不是要问帮不帮，而是要问我该如何帮，从而既能帮助对方，又能保护自己。

有同学说："哎呀，帮个人这么累，要想这么多？为什么还要帮？"

老师笑说："帮不帮，关系到你的价值观，跟你是个什么样的人有关。你们都是主动选择社会工作的孩子，这个专业就是讲人文、追求向善的改变的，所以我相信你们会愿意帮。我们上课要学习的是助人方法，以及提高我们助人的能力。至于是不是把帮助别人这件事情想得太复杂了，同学们，改变下我们的基本假设如何？以前我们可能以为做任何事少想甚至不想才是最好的，但是如果换一下思维，就是说，其实我们人做任何事本来就该多想想，多想想才是更好的呢？假设一个同学做事不想，另一个同学做事多想，经历同样的时间、同样的事情，那是不是后者进步更大、成长更快呢？同学们，看到自己的进步和成长，这总是我们乐意的吧？不然没有进步和成长的人生，明天和今天有什么区别？未来和过去有什么区别？人和咸鱼有什么区别？"

我们都笑起来。是啊，从一个小小的社区回应课堂议题扩展到我们内心长期以来的纠结，从讨论如何更安全地助人到揭示我们的底层观念……啊，任老师这不也正是在身体力行地进行"社区回应"吗？

— 5 —
回应的实践

周五早晨，我在去图书馆的路上正在等红绿灯时，一辆电动车在拐弯时因为打滑"嘭"地一下摔在了地上，车上的阿姨被甩到了人行道上。我看到对面有个环卫大叔也注意到了躺在地上的阿姨，瞧着大叔在马路对面看着我。虽然下意识地还有点小小的顾虑，但因为我已经清晰地决定过了，遇到这样的事决不能袖手旁观，又想到任老师的"临时社会支持系统"建议，在信号灯变绿后，我特意望向大叔，和他对视了一下，然后向阿姨那边走过去。

我跟大叔在那个情境下就像是彼此都找到了同伴一样，前后脚都跨步来到"事故现场"。大叔去搬起车子，我去扶起阿姨，正当这时候，身边一个骑电动车驶过的男生也把车停在一边，过来帮助捡起路上散落的物件。

早上八点多往图书馆去的学生很多，几分钟时间里，有好多来往的人在看着我们，还有几个站在远处看了几眼，或许是想要帮忙，但看到人手已经够了，过一会儿走开了。

我想，或许我们的行为对别人来说是一种鼓励，对自己又何尝不是一种肯定/回应呢？帮助别人而产生的自我价值感本身就是自我回应的一种，在暂时得不到他人支持的情况下，不吝啬地夸一夸自己，这种愉悦感也是我们可以真切体会到并且被其激励的。在"社区回应"见效之前，可以先自我回应嘛！

— 6 —

我来回应你，我的同伴

作为群体中的一分子，我们不要做"沉默的大多数"，而要勇于做发声的少数人，包括但不限于狭义的抗争，这包含着广泛的建设性意涵。我们应该用积极的回应和支持代替默不作声或者纯粹的情绪宣泄。

有些时候，我们的一句话甚至一个肯定的微笑都能引起"蝴蝶效应"：当我们作为个体采取行动之后，别人的回应固然重要，但得不到支持的时候，我们其实也可以自己给自己肯定的回应，当然更要在回应前采取必要的防范风险的措施。而且这种回应其实也不仅应包括当时"在场"的回应，还应包括延时"不在场"的回应，比如我们这堂课上老师解惑的那些影像记忆，都会成为未来在特定时空里我确定自己行事依据的支持力量。

每个人在成长过程中都会被打上历史的烙印。彭宇案引发了全社会长达十几年的"老人倒地扶不扶"的困扰。我们从孩提时代就被植入了这个困扰，甚至还带着对社会和未来的怀疑，对人性时感悲凉，因自己无能为力而感到挫败。但作为孩子，无人回应我们，我们只能默默地怀疑着、悲凉着、挫败着。或许大人们觉得这事儿有什么好想的，帮就帮呗、不帮就不帮呗，但是我们不同，我们正处于寻找答案的过程中，我们需要社会看到我们成长中的困惑，给予我们有效、友善、向美、向德的"回应"。社区回应就是社会对青少年教育的一部分。

你的生活也有这样积极性被"挫伤"的瞬间吗？对着"无知觉""冷冰冰"的大人，我们内心的困惑和向善的渴望无回应的感觉着实令人难受。所以，我将我的课堂经验在此分享于你，希望对你亦有所回应。

让我们一起来试着改变，在曾经"旁观"的世界里做个"参与者"，或行动或回应，去消除那些因困惑而造就的假冷漠，在这社会上传递善。

行走的社工
专业·爱·成长

叛逆少年的两副面孔

——如何化解与青少年的对立关系[*]

向亮莹

— 1 —

SOS：小姨打来的连环求助电话

"在吗？姑娘。给你表弟做做工作啊，他被老师从学校赶回来了。老师说整个班的同学都跟着他瞎搞、不好好学习，连班上的尖子生都被他'腐蚀'了。"

"在吗？丫头。帮忙劝劝你表弟，他烫了个'泡面头'，被老师勒令不剪掉就开除，你表弟脾气犟，你给劝劝，他听你的。"

"在吗？乖姑娘。我听别人说看到你弟弟在空间发的分手动态了，但是我被屏蔽了，恼死人。你问问你表弟早恋了没，你和他保证不告诉我，他相信你。我真是醉了，竟然还有女生喜欢他……"

我已经不知道这是第几次收到小姨的"求救"信息了。

我的小表弟 F 刚上初中，青春期的叛逆在他身上体现得格外明显。每逢 F "闹出一桩棘手的事儿"，远在家乡束手无策

---

[*] 任敏承担本文中行动的督导及其内容的修改完善工作。

的小姨就会通过微信向我求助。但每次我准备好了台词，预备酣畅淋漓地开展一番思想教育工作时，电话那头却永远都是"您拨打的电话正在通话中，请稍后再拨"。表弟把我的电话号码拉入了黑名单，他并不信任我！我"大显身手"的热情瞬时如被冷水兜头浇下，消了一半。但小姨一直对我有"迷之信任"，乐此不疲地向我寻求帮助，而我正好又开始上"儿童社会工作"课，老师提倡我们做"行走的社工"，介入社会，从帮助身边人开始，于是我打算重整旗鼓，再次主动行动，不负小姨的期待，也不负我作为社工专业学生的身份。

可是，每当我打算行动起来的时候，就会想起两年前我干预大表弟的失败经历。然后，就不知如何开始了。

— 2 —
挫败：传统的说教常常失灵

是的，其实，我并不是第一次被委以这样的重任了。比小表弟的叛逆期来得更早的，是大表弟 L 的叛逆期。而我的舅舅在两年前就已经给我打了好几通电话，希望我能帮忙开导 L。

我的大表弟 L 比我小 1 岁，但他的成长却比我要曲折得多。因童年时期父母离异，L 跟随爷爷奶奶长大，很少得到父母的疼爱；在学龄期时因缺少正确的引导和监督，L 没有形成良好的学习习惯，成绩一直处在下游；到初二时又沉迷手机，逐渐彻底放弃了学习。在勉强混了个中专毕业之后，已成年的 L 却依旧对自己的未来毫不关心，只靠打些散工勉强度日，甚至干脆不工作游手好闲。爱子心切的舅舅便把"挽救"L 的希望全部寄托在了我的身上。犹记得当时我坐在安静的图书馆里

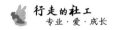

学习，突然收到来自舅舅的一连串电话，于是我只能站在没有空调的、炎热的馆外和舅舅讨论情况、商量对策，一直到我手机电池耗尽被迫关机。

只可惜那时候的我还没有学习到系统的社会工作专业知识，对手头上仅有的一点干预技巧也一知半解。我听了舅舅的介绍后，坚信是认知上的偏颇误了 L，是他对自己、对社会没有成熟正确的认知，才导致了他在情感上的冷漠和行为上的萎靡不振。所以，我决定对他采用认知行为疗法，想对他的认知来一次全面的更新。

认知行为疗法认为，人的认知影响其情绪和行为，介入的关键要点是通过重建求助者或服务对象的认知结构（对己、对人或对事的看法与态度）来矫正其不良行为。可我却只片面地将其理解为"苦口婆心的说教"，于是不断地跟 L 说，"爷爷奶奶年纪大了，现在轮到你赚钱让他们享福了"，"舅舅都是为了你好，你要多体谅他"，"无论走哪条路都要有所作为呀"，"与其自怨自艾叹命运的不公，不如积极主动扼住命运的咽喉"，"视野放开阔点，抓住现有的机会和资源向上冲就完了，但向上冲并不等于赚快钱，是要实现自己的价值"……

然而我每次持续几个小时的价值观输出，换来的都是他的不回应，或"我都晓得"式的敷衍回答。我感觉自己快要"炸"了，真是"好心当成驴肝肺"！

现在我接到了小姨让我干预小表弟的求助电话，但当我打算重整旗鼓去帮助他的时候，两年前劝说 L 的失败体验又笼罩了我。这次，我该怎么做？

于是，我在"儿童社会工作"课上分享了我的迷茫，向老师寻求督导。

　　任老师和我确认了一个专业原则，帮助对方需要先与之建立好关系。回顾过去的经历，我意识到自己确实不明就里地就把自己划进 L 的"敌方阵营"里去，而没有跟他建立起关系，让他信任我。所以每当我出现在他面前，他自然会想：又来了，姐姐就是爸妈的"说客"；而我的行动向他证明了，姐姐"果然如此"。

　　我进一步反思自己的站位：我对 L 的全部了解都来自舅舅的转述，自己却从没有耐心地和 L 沟通过他的想法，因此，我默认我和舅舅属于"积极正义"的一方，并试图把我们的价值观强加于 L，却从未考虑 L 的想法和情绪。说教的失灵，在于说教的一方总是自诩为绝对的正义，没有倾听、共情、接纳，而只是试图强加意志。

－ 3 －

转机："反着来"打破刻板印象

（1）

　　可一个难题是，表弟们已经对我产生不信任，有了"姐姐不过是另一个不理解我、爱说教的大人罢了"的刻板印象。这种情况下，我又该如何与表弟们建立关系呢？

　　任老师说，在这种已有刻板印象的情况下，建立关系可以用"反着来"策略，以打破他们对我的预期，即打破"刻板"，让他们之前一直预想的、对抗我的那一套行动无处可用，如此便为他们"重新"认识我提供了一个契机，这就是我们关系重建的机会。

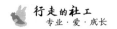

　　我不能把建立关系的希望寄托在那个永远打不通的电话上，结合任老师的建议，我决定向小表弟F发出来武汉短期旅行的邀请，期待通过四天的旅行可以重建我们之间的关系。因为这是邀请他来"大城市"玩耍，如我所料，他爽快地答应了。

（2）

　　表弟F来武汉了，我兴冲冲地跑到火车站去接他，一见面发现表弟已经比我高出不少，"泡面头"已被班主任勒令剪掉了，他现在顶着一头韩式卷发，是个新潮少年。我回想课上的督导，叮嘱自己务必注意，避免说教，先建立关系，再期待能让他有所改变。

　　晚上，我带他去吃酸菜鱼火锅，没想到表弟竟然神不知鬼不觉地把账结了。正懊恼着自己没有尽到"地主之谊"，我收到小姨发来的微信消息："F觉得自己是男人，他如果结账就让他结吧。"我忍俊不禁，原来表弟已经成长为一个懂得照顾人的男人了。我突然意识到，这是一个好的开头，当我说表弟对我有刻板印象的时候，我也应当抛弃自己过往对他的负面印象，从即时的相处中去重新认识他，而且多以优势视角去重新看待他。

（3）

　　果然，在接下来四天的时间里，我发现F有好多优点，譬如他很体贴：他总会一声不吭地就去买好夏日旅行必备的雪糕、矿泉水，而且都是两份。他很坚持也很刻苦：为了弹好吉他，他的左手指已经磨出了厚厚的茧子，而他也顺利加入了校乐队，获得了很多登台表演的机会。他球技好、人气高：他一直以来都是班级的体育委员，又在校足球队踢前锋，曾被选拔到市里参加过青少年的足球友谊赛，还被队友们投票选为足球队的队长，这说明他不仅球技好而且有领导力。还有他作为男生的魅力以及果断的行事风格：在与我的旅行中，他处理好了一桩情感问题，他告诉我，已经有多个女孩向他表白过了，但他觉得"行走江湖不应该儿女情长"，他虽苦恼如何拒绝不伤人但也果断行动"跟人家讲清楚"……经过这四天，可以说我对表弟的印象几乎完全颠覆了。这是小姨从来没跟我谈过的那个 F，是一个立体的 F!

这让我更加笃定，我不用直奔主题、着急完成小姨交给我的任务，只需如我在课上所学去行动。先接受他、了解他，与他建立好关系、取得他的信任，以建立有效助人的基础。但是显然，我有点低估自己既往行为模式的顽固性。

第一天，我带他吃好喝好，一点没有提到学习成绩、未来规划这些"要害"话题。第二天，我带他去了欢乐谷，排队等游乐项目的时间太长，我们等得无聊，突然，我似乎丧失了反思自觉，有些按捺不住了。

我："弟弟，你理想的工作是什么呀？"

F（不屑地）："捡垃圾啊。"

我："哇……这个理想很别致……垃圾回收这个行业也很不错，承担起生态文明建设的任务，你想在垃圾处理厂工作，用高科技分解垃圾，对吗？"

F："你理解错了，我说的就是那种很低级的捡垃圾，自己每天捡空塑料瓶然后卖掉，挣钱。"

我："你这个玩笑开得……哈哈哈哈。"

F："我没开玩笑。"

我内心暗暗吃瘪，但我没那么容易被"打败"。我转而说："你体育好，可以走体育特长生这条路呀，就可以上大学，

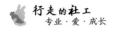

说不定还能读个本科呢！你觉得呢？"

F："体特生太累了，每天都要训练，上学也没用，我以捡垃圾为生就不错了。"

我再次语塞，心想，糟糕，我操之过急了，看来我们的关系还没建立起来，他不但没跟我说实话，而且完全不给我继续讨论下去的机会啊。我要稳住，不能着急，继续建立关系，等待时机。

（4）

在接下来的游玩过程中，我再也没提起这码事，只轻松愉快地一起玩耍。返回的路上，我偶然看到他在刷快手，看我大表弟 L 的动态。我好奇，也凑近了去看，扑哧一笑："哈哈哈，没想到 L 在社交媒体上还有如此搞笑、狂放不羁的一面。"

F 随意地说："我觉得 L 混得不错，算是个大哥吧。"

我一脸好奇："什么大哥？谁的大哥？"

F："在我们玩得比较好的几个哥们儿中，他算是个大哥。"

我瞬间明白了，在家乡小镇的大街上，经常会看见一群看起来"叛逆"的青少年，他们烫着时髦的头发，耳朵后面夹着烟，在这一群人中，常有我两个表弟的身影。

我想起来这学期的"儿童社会工作"课上我们正好演练过社工初见街头少年的场景，社工的第一要务是不要评判。于是，我没有表现得大惊小怪，只是似乎平常地向他提一些问题。"你们平时都会玩些什么呢？""你们当中有女生吗？""有什么能耐的人才能服众被称为'大哥'呢？""你可以算得上是'大哥'吗？"。因为我一脸好奇，完全无评判的意思，甚至露出对他们的经历颇感兴趣的态度，F 放下了警惕，甚至有些骄傲地一五一十地讲给我听。

在他的讲述中，我了解到了家乡小镇里这个青少年亚文化群体的种种情况，还知道了表弟此次的武汉之行也引来那些好哥们儿的羡慕，甚至好几个人要抢着"护"送他去火车站，但被小姨"骂退"了。

我再次回想起我们在课堂上的演练，与"问题"少年建立关系的第二点是尝试与他们打成一片。于是，我笑嘻嘻地说："哟~小伙子出息啦，有这么多人抢着'恭送圣驾'！哥们儿没能送成你，那你可得让他们看到你在武汉风风光光的样子！这样，老姐帮你，拍照P图什么的我可在行啦。我明天把单反带着，去黄鹤楼的时候给你弄几张酷毙了的照片，你发快手动态，让他们看看你在武汉是如何玩的，行不？"

F闻言欣然接受，一脸得意。

后来几天，我的确给他拍了很多炫酷的照片，包括在蜡像馆和他最喜爱的足球明星梅西蜡像的合照。他在快手上发没发动态，我不知道，但这并不重要，重要的是，他越来越能对我敞开心扉说心里话了。每次玩完回来，我们都会走过一段长长的环形地下通道，在这段时间里，我会"好奇"地提问，邀请F讲出更多关于他的故事，我称之为"地下通道秘密会谈"。眼见着，我跟他的关系在发生变化。

(5)

在跟他的数次会谈中，我感触最深的有两件事。

一是他跟我讲到他的学校生活，在疫情之前，他也曾是英语尖子生，英语老师一看到他就喜笑颜开。但疫情期间，他没有抵住手机的诱惑，由于沉迷游戏而疏于学习，几个月下来英语成绩下降得快，而英语老师的脸跟翻书似的快，现在是一见他就板起脸。我问他是否尝试过努力追上来，他回答说当然，

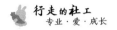

并跟我描述在期末考试之前他如何拼命背单词，但是不知怎么回事，他的阅读理解的选项总是跟答案不一致，怎么努力都无济于事，最后干脆放弃了。

我很感慨，一是成绩指挥棒给现在的中学生太多压力了，成绩好大人们就给笑脸，成绩不好就给虎脸。青少年是不能犯错的，一犯错就简直是"罪孽深重"，成年人绝不放过，对他们常讽刺、挖苦、责备、打击，且倾向于对他们的行为进行品德归因。犯错或成绩下滑本来只是一件事情，但往往被归为青少年的懒惰甚至品行问题，这种"扣帽子"行为常给他们造成沉重的打击。此外，现在的青少年生活在一个电子产品发达的时代，电子产品的诱惑连成人都抵不住，我们又怎能一味地去苛责这些少年，认为他们自己就应该自律，而完全不用给予帮助呢？如此不是把他们置于孤立无援的境地吗？基于这些反思，我没有指责 F 贪玩，相反，我给自己定下了一个计划——暑假回家后要帮助他补习英语，给他支持。

二是他终于告诉了我他真实的理想。当建立关系后，我再次问他什么是他想要的生活。他说不愁没钱花，下班之后还能有闲暇时间吃吃烧烤、露营、看看日出享受生活。我又问他准备通过怎样的努力达到。他说打算做个体育特长生，这样文化课分数的要求会更低一些。我再问他："你之前不是觉得做体育特长生需要每天训练，会很累吗？"他说："累归累，但是人嘛，还是要拼一下的。我足球踢得好，做体育特长生是有优势的。"

我清晰地记得当时他给我内心的冲撞。这个少年，内心里是愿意为了梦想吃苦的，这与之前敷衍我说"捡垃圾"的他形成了巨大反差。他还补充说自己计划踢足球踢到法国去，因

为我们市里有人被派出国参赛，别人能做到意味着他也可以；法国是他梦想的地方，他就算"吃尽苦头"也要去一次！这让我想起来，在光谷的德国风情街、法国风情街和西班牙风情街，我热情地要给他在各处拍照留念，可他唯独在法国风情街上露出发自内心的微笑。

(6)

我很欣慰，我们在课上所学没错——当我以全新的方式与表弟相处，不是如大人般对他说教，而是带他玩、对他的那些冲撞性的言论表示接纳、不批判，对他的经历表示感兴趣时，

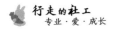

如此四天的相处，我和弟弟建立起全新的关系——他从排斥我转变到信任我，从吊儿郎当地敷衍我，到与我分享内心深处的梦想，这让我感动。在这个过程中，我同样有所收获——我不仅看到了这个"叛逆少年"温情、坚韧、努力、有担当的一面，还反思了自己的思维方式及更像一个社工那样去行动。接下来，我会按照自己的计划去做——继续接受他、更多地帮助他，而不是如从前那般端着姐姐的架子，"苦口婆心"或"恨铁不成钢"地说教。我会时刻保持专业的自觉意识，这对于我帮助表弟，乃至我自己的成长都十分重要。

— 4 —

反思：面对与之关系"对立"的熟人，如何干预？

任老师在课上提倡我们做"行走的社工"，即随时随地应用所学帮助身边的人。但在这一过程中，我们常常遇到一种不同于专业服务的情况——与生活中的熟人建立准专业的帮助关系。特别是与那些在生活里已然熟悉的，甚至因为各种原因已经形成了"对立"关系的人建立准专业的帮助关系。因为这时，我们面临的困难不仅仅是建立新关系，还必须"破除"之前僵化对立的旧关系。

我与小表弟的关系就属于这种情况。我曾大胆地在课上提出来如何与他重建关系的问题，请老师和同学们督导，我按之去实施，结果证明了其有效性。回顾这场持续四天的建立关系的行动，我在此总结几点，希望对面临同类情况（与服务对象陷入关系僵局，但想要对其进行有效干预）的"助人者"有所启发。

第一，重建关系需要打破此前的关系僵局，一个有效的专业技巧是"反着来"。任老师解释说，这包含两层"反着来"行动：一是助人者要与案主环境中其他人的主要态度相反，如果案主身边的大多数人总是打击案主，那么我们就要对案主多接纳、多支持，这使我们显得"特别"，从而打破案主对其他人的反应模式，新建与我们之间关系的反应行为；二是助人者的言行要与案主对助人者的预期相反，助人者一定要稳住自己，首先要反省，去除自己对案主的刻板印象，对案主表现出倾听、接纳、支持的一面，并且持续稳定地表达，以打破案主对"社工"的刻板印象，给予彼此一个重建关系的机会。唯有以信任为核心甚至内含情感的关系建立起来，后续的干预才有基础。譬如我这次对小表弟就用了与小表弟环境中其他人如小姨、老师等不同的态度，对他的主要态度采取相反的反应方式，不责备他，硬逼他树立目标、努力学习，而是接纳他、倾听他，对他的想法表示感兴趣，对他的优点表示赞赏。这样一来，他潜意识里原本那套"见说教就拒听"的反应模式不管用了，他也需要换一套新的反应模式了。

第二，我们何以能够做到"反着来"，与别人不同？核心是任老师在课上所提到的社工的两个深层专业性思维的训练——"他中心"和"好奇心"。

"他中心"是指社工或助人者以干预对象为中心，评估干预对象的需求，假设对方遇到了他自己无法独立克服的困难，并因此出现了不良的行为反应，我们要给予支持而不是站在威权的立场继续指责、压迫对方。在干预的过程中，助人者需要保持一颗反思的心，去除根植我们潜意识中顽固的"我中心"，反省"自己即正义的化身"这种深层预设，否则就会丧失倾听对

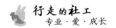

方、全面了解对方、与对方建立关系的机会。比如，在我和 F 的案例中，当他讲述自己因疫情期间沉迷电子产品而英语成绩下滑时，我没有如其他大人一样把所有的责任推到他身上，指责他懒惰、贪玩。"别人都能做到你为什么不能做到呢！"我去除了这种"自以为是"，而是反思：身处信息时代，总会有一些新鲜的东西让他们注意力分散，学习成绩不理想也不完全由于他自己不努力，且每个人的情况都不同，有时候并不是别人能轻易做到的你也能轻易做到。进一步说，指责不会让他们变得更强大、更自律，当他们无法自律，那正是需要我们给予帮助的时候。我们不妨先给"他律"，再不断鼓励其成长，最后让其实现"自律"，如此经历一个"他助－自助"的过程。

"好奇心"是指社工在干预的过程中，不要带有对求助者或服务对象的过多预设，而应始终保持一颗开放的、探究的心，对求助者或服务对象总有探究、了解、感兴趣的心，去除评判的态度。例如在 F 讲他们小镇青少年亚文化群体的时候，我并没有对这些街头少年做出"坏孩子"的预设，斥之以"问题少年"，而是带着一颗好奇心去问这个群体的日常活动和消遣方式，甚至还对这个群体成员之间的高度凝聚力和 F 在这个群体中的高威望表示欣赏，如此让 F 感受到我的真诚，他才信任我，逐步把更多心里话说给我听。又比如，当我看到在旅行中 F 始终盯着手机，通过问询得知他陷入不知如何拒绝女同学告白的苦恼之中时，尽管自己内心很不赞成初中生谈恋爱，但我并没有如其他大人那样"板起脸"斥责他"初中生不许谈恋爱"、"你不招惹人家，人家怎么会找你"和"都是你骚包地烫什么'泡面头'惹的祸"，而是问他："你认为这些女生为什么会喜欢你？你身上有哪些优点会吸引女生呢？"

这既可以让他更好地认识自己、激励他去成长，也进一步表达我全部接纳他、信任他是个好孩子的诚意。初中生的成长过程难免会有跌跌撞撞，这些都是成长的必修课，我们不能要求他们做完美小孩，当他们做不到的时候就去责备。有效的做法是，我们去理解，并给予支持。

— 5 —

结语：少年有自我决定的力量

旅行的最后一天，我带他走进了我们大学校园，有意以校大门为背景为他留影，并把这张照片发给了小姨。小姨收到照片，欢喜不已，赶忙说："你跟他说让他好好学习，以后考这个大学。"

我并没有转达小姨的话。因为我觉得 F 无须他人的指手画脚，他会为自己树立目标且暗暗努力着，也懂得为了梦想去"吃苦"。他结合自己的优势为自己规划了未来、设定了目标，尽管这成长之路并不符合小姨的期待，但这才是真正符合他成长的路。我答应小姨帮助表弟树立人生目标，进行人生规划，但我并没有也不能答应小姨，把她定的目标强加给我弟。弟弟自有他的主意，明白他将为了自己的梦想付出的代价，他不是要人扶的"阿斗"。他能够"自助"，而且他这种自我决定的力量还在继续生长。

我给弟弟拍下他与这所 985 高校的合影，只是在于激发他的斗志（甚至延伸激发他那群"小兄弟"们的斗志），而不是为他设定"这就是你的高考目标"，毕竟我弟弟的目标在法国呢，那是一个更远方的目标，一个或许更美好的梦想。

· 参考文献 ·

阿德勒，2017，《自卑与超越》，马晓佳译，民主与建设出版社。

第斯多惠，1990，《德国教师培养指南》，袁一安译，人民教育出版社。

高博燕主编，2018，《中国女性生活状况报告 No.12》，社会科学文献出版社。

郭静晃，2004，《儿童少年社会工作》，台北：扬智文化事业股份有限公司。

何雪松，2017，《社会工作理论》（第二版），格致出版社。

简春安、赵善如，2018，《社会工作理论》，华东理工大学出版社。

柯林斯、乔登，2018，《家庭社会工作》（第四版），刘梦译，中国人民大学出版社。

陆士桢、任伟、常晶晶，2003，《儿童社会工作》，社会科学文献出版社。

纽曼、克罗伊格，2008，《社会工作研究方法——质性和定量方法的应用》，刘梦译，中国人民大学出版社。

派恩，2008，《现代社会工作理论》，冯亚丽、叶鹏飞译，中国人民大学出版社。

皮亚杰，1984，《儿童的道德判断》，傅统先、陆有铨译，山东教育出版社。

苏敬勤、贾依帛，2020，《案例行动学习法：案例教学与行动学习的结合》，《管理案例研究与评论》第 13 卷第 3 期。

苏敬勤、高昕，2020，《案例行动学习法：效率与效果的兼顾》，《管理世界》第 3 期。

王春玉，2004，《超限效应在教育教学活动中的启示》，《黑龙江教育学院学报》第 5 期。

王思斌，2006，《社会工作概论》，高等教育出版社。

朱迪斯·莱特、鲍勃·莱特，2019，《如何正确吵架》，锺辰丽译，中国华侨出版社。

Bowlby, J. 1979. "The Bowlby-ainsworth Attachment Theory." *Behavioral and Brain Sciences* 2（4）：637–638.

Collins, D., Jordan C. and Coleman, H. 2012. *Brooks/Cole Empowerment Series：An Introduction to Family Social Work.* Cengage Learning.

Colton, M., Sanders, R. and Williams, M. 2001. *An Introduction to Working with Children：A Guide for Social Workers.* Palgrave Macmillan.

Cooker, C. and Allain, L. 2008. *Social Work with Looked after Children.* Learning Matters Ltd.

Crosson-Tower, C. 2017. *Exploring Child Welfare：A Practice Perspective.* Pearson.

Crosson-Tower, C. 2008. *Understanding Child Abuse and Neglect （7th ed.）*. Pearson.

Kohut, H. and Wolf, E. S. 1978. "The Disorders of the Self and Their Treatment：An Outline." *International Journal of Psychoanalysis*

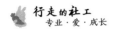

59: 413 – 425.

Marcia, J. E. 1996. "Development and Validation of Ego-identity Status." *Journal of Personality and Social Psychology* 3 (5): 551.

Petr, C. G. 2003. Social Work with Children and Their Families: Pragmatic Foundations. Oxford university Press.

Skinner, B. F. 1957. "Verbal Behavior." *Language* 35 (1): 83 – 99.

Vaillant, G. E. 1993. *The Wisdom of the Ego.* Harvard University Press.

Waterman, A. S. 1988. "Identity Status Theory and Erikson's Theory: Communalities and Differences." *Developmental Review* 8 (2): 185 – 208.

James, W. 2012. *The Letters of William James, Vol. 1.* The Atlantic Monthly Press.

在过去几年里，我开设了"儿童社会工作"、"社会工作理论"和"家庭社会工作"三门课程，同学们的参与热情很高。有些会把课堂上的案例和学习所得与朋友、家人分享；有些就干脆把朋友拉来听课；我们师生在课里课外保持讨论。有些同学会与我分享他们对课堂教学及其案例的理解，以及后续自己的应用，其中有困惑也来寻求我督导等，由此形成一个从学习到实践、到督导、到反思的完整流程。

同学们对社会工作专业的学习热情鼓舞着我，也给予我很大的启发，既然同学们那么愿意分享所学，那以整理得更系统的方式分享不是比口头传播更好吗？我就跟同学们说："你们给我的反馈不如整理得更系统些，这样你们若想跟朋友分享也有个载体。"于是，这件事从 2018 年秋季学期开始计划，到2019 年春我们师生就干起来。我们开设了"行走的社工"的公众号，专门发布课堂上老师所教，学生所学、所用，返回课堂师生讨论，或寻求老师督导，以求反思改进，走过整个过程的一个个小案例。为了激励同学们坚持，我也开始写稿。

同时，我很快发现，相比我在课堂讲述中"案例教学"或"举例教学"环节所用的案例，这些小案例对同学们来说更"接地气"。它们反映的都是发生在同学们身边的事情，揭示的都是他们生活中面临的真实的"令人头疼"的问题或

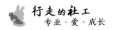

"不知所往"的难题，是与父母、与弟妹、与室友、与服务对象等之间的问题，而且我们还一起走过了一个阶段性的解决过程，并从中进行方法和技术的提炼。案例教学的本质是情境式教学，即建构一个情境环境，让同学们进入其中，更好地理解理论在其中的应用。而这些同学们经由自身的行动而生产的案例显然比任何外在于他们生活环境和当前经验库存的案例都更能够让他们在课堂的案例学习中"身临其境""感同身受"。我再次回想到 2018 年底那场"中国社会工作教育三十年回顾与反思"的会议上，老师们纷纷议论的问题——我们如何才能"教"出有实务能力的学生呢？于是，如前言中开篇部分所言，我开始有意识地探索一种新的专业教学方法——"行动案例教学法"，探索其原理何在，如何操作。

如此走过三载，结合这些教学小文章得到的反馈，三观正、有态度、有专业、有启发、有趣味，乃至促动了一些读者去行动，并且获得改变，我们决定结集出版。这既是为了展示我们新探索的适合社会工作专业的"行动案例教学法"，且分享专业知识，以期对公众的社会生活有所助益，也是希望在大学课堂里我们如何教、如何学的这个过程，为更多的人所了解。社会工作本来就应当介入社会生活，推动向上、向善、向美、向好的改变发生。

很感谢选修了这几门课的同学们，尤其是参与本书文章写作的作者们，我们已于书中各篇文章前列出他们的姓名。

特别感谢本书文字编辑组的同学们：张雨欣、刘媛、纪蓓蕾、吕江蕊、李小可、罗雨笛、严艺文、安琪、余媛媛，他们都来自华中科技大学社会学院。此外，冷丹琪同学后续加入，参与了文章题目的修改工作。

　　隆重感谢负责制作全书插画的魏文倩同学，因为爱这个专业，她请缨承担了插画的工作，在此夏季高温天兼每日有英文课培训的情况下，她有节奏地推进绘画进程，整整一个月不曾懈怠，出色地完成了一幅幅生动形象的插图。

　　特别感谢华中科技大学社会学院的领导和前辈们。尤其感谢丁建定院长，从公众号文章推送到本书出版，他都给予了大力支持。院长的朋友圈阵地是稀缺的资源，但是丁院长不吝推送过我们公众号的文章，这对同学们是极大的鼓励。而我院萧莉书记则每当我在各个群里推送文章链接时，常常第一个送上连排大拇指表示赞赏和推荐，而且一直观察、期待着本公众号对提升我院社会工作专业吸引优质生源的影响力，鼓励我们做得更好。特别感谢刘成斌副院长，是他无私真诚地帮助同事，"拉扯"着我务必完成当下高校绩效之任务，让我不至于"自由（随心）过了火"。感谢我院一些前辈和同仁，你们对新事物、新做法、新现象总能保持开放接纳之心，或不时就这些小文章给我反馈，走道里来来往往、楼梯间上上下下笑嘻嘻聊几句，或与我就某篇中有意思的主意展开讨论，或赞赏我对学生的用心。这些都是令人愉快的事，也是你们不经意的反馈，在我常常怀疑自己"不务正业"时，给了我微笑着坚持下去的力量。以上支持，我心怀感恩。

　　感谢过去两年来，社会工作界和社会学界同仁给予我的持续反馈。我印象深刻的有：北京大学有老师将公众号里的案例引入课堂教学，上海大学有老师跟我讨论文章中的研究方法，我中国社科院的同学平时极少发朋友圈却主动推送我们公众号的文章，中山大学有老师把我们的文章推荐给出版社……此外，南京大学、武汉大学、华中科技大学、首都经贸大学也有

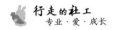

老师珍视我们所做的探索，赞赏我对学生的投入为其欲为而未为。以上鼓励，我常念起。

感谢来自诸多读者的反馈，包括国内以及远在加拿大、美国和澳大利亚的一些华人家庭及专业学生朋友们，他们的关注更多集中在儿童教育、家庭关系调适和自我成长部分。有一位中学校长将公众号的部分文章推荐给该校的家长们，提倡家长们从中学习对青少年的情感教育，提醒家长们亲子之爱要适度、要得法。这些积极反馈都化作我们坚持面向公众写作的动力。

依靠一己之力和"流水的"学生保持一个公众号的持续推送并不是件容易的事。但是好在我"流水的"学生们始终保持对此专业稳定的热爱，以及，我有一支可靠的编辑队伍。读者看见的只是一篇篇小文章，但其背后的写作须字斟句酌，大到文章的内容、结构，小到语句中每处用词和标点，推送前我们都要花费大量的时间和精力来修改。心力和劳力的投入，我们不吝惜，但是时间太珍贵！每次我们都说这次不要花那么多时间了，但下一次我们总又"出尔反尔"。偶尔也会出现文章推送后发现某个词用得不准确的情况，我们会懊悔不已，有时还会删除第二天重发。鲍晶晶同学作为首届主编，曾经在编辑某篇推文时突然给我留言："任老师，我现在突然好害怕见到您再给我发截图啊，那意味着我还要改……"我闻言哈哈大笑。她说："未来若出版，我有话说。"我答应她："好。"

所以，还要特别感谢"行走的社工"公众号幕后"流动"却稳定可靠的编辑团队的成员们，他们是鲍晶晶、侯思怡、任九荧、杨加一、严艺文。

当然，被我"折磨"的并非只有编辑，还有原文作者们，因为我把这当作训练提升他们写作能力的途径，所以会和作者们一起反复修改。他们只在一种情况下能够免于我的"折磨"，那就是我真的没时间、没力气，不得不放过。公众号推文个别篇目的读者们，原谅我，那些文章遭遇了我也"搞不动"的时候。但收编入书时，我们去除了那些篇目，并对几乎所有入选篇目进行了修改。自然地，尚有不尽如人意之处，敬请读者朋友多指正。

感谢社会科学文献出版社推动本书出版的各位朋友——童根兴、胡涛、谢蕊芬、胡庆英。

一个想法能落地，走出第一步是难的，所以还要感谢在我启动"行走的社工"这个教学探索项目时给予我支持的2018级社会工作硕士研究生们：刘薇、袁劲草、鲍晶晶、钟琴、王欣怡。是你们给我的爱，以及你们在学期间的巨大成长与转变给了我莫大的激励！这也让我反思：当前我们高校教师对学生的投入是否足够？作为高校老师，难道发文章、拿课题才是我们的贡献吗？致力于让学生学有所获、发生正向积极的改变真的不重要吗？这两类工作之间的权重是不是应该平衡一下？高校的管理制度何时能真的重视教育？抑或我们高校老师可否自觉行动？我作为一名老师，要如何才能不辜负同学们鲜活的青春？如此，我才有了进行教学探索的决心，及坚持在一个未获任何正式支持的教学行动项目上历时三年持续投入的毅力。在这个高压、内卷的"学术（论文）发表至上"的生存环境中，于我这类尚未获得相对"自由"的高校教师而言，做这种"异类"的探索，并不容易，所以来自"无力"的学生的力量却显得珍贵了。

但偶尔我也想，未获任何项目支持仍然投入时间去探索，这不正符合教育的本意吗？推动教育探索的是教育对象的激

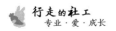

励，一种价值行动的酬赏来自其中蕴含的价值本身。

　　或许也有人要疑惑，在时间如此珍贵，人人谋求快、更快出成果的"加速"时代，一本这么多作者的小书何以花费你近三年时间，这也不是啥尖端科研课题，是你自己不讲效率嘛。实际上问题正在于有这么多作者上。这么多写作、思考和行动能力都颇不成熟的本科二三年级的学生，他们未来可期，但是目前他们需要接受训练，而训练他们，显然比我独自写作会花更多时间。这本书是他们受训的一个结果呈现，所以，这与其说是在写一本书，不如说是一个经久的对学生教育的过程。本书收录的同学们的文章绝大部分我都担任行动的督导工作，也费了很多时间多次进行修改。尽管如此，我内心却认为，如果制度环境允许，我花费更多时间都是应该的，因为真的教育，要实际地对人产生影响的工作，用时就不会短、用心就不能少。实际的人才培养工作总是需要有人去做的，任何层次的学校都有那个层次的人才需要去培养。"十年树木，百年树人。"我们对教育的投入，不宜以效率衡量。效率理性计算不出民族的未来，未来靠的是人心怀希望，坚持价值行动。

　　最后，附上公众号首任主编鲍晶晶想说的话：

　　　　"行走的社工"是大家投入大量精力建立起来的平台，我们在这里将生活与专业结合，在解决"我"的生活问题的过程中，实践了专业知识，可谓是"自助助人"。

　　　　虽然一次次修改着实令我头秃，甚至在某段时间内我曾把手机调整为静音模式，以"逃避"来自任老师的消息。但不可否认的是，每当看到读者的留言、点赞，我觉得大家的付出都是值得的。

　　希望读者们通过这本书更加了解社会工作，能从书中的案例中受到启发，收获满满。

　　相信我，用心体会，你定会有收获！

任　敏

2021 年 7 月，于武汉

图书在版编目（CIP）数据

行走的社工：专业·爱·成长／任敏等著．--北京：社会科学文献出版社，2021.10（2024.9重印）

ISRN 978-7-5201-9071-8

Ⅰ．①行…　Ⅱ．①任…　Ⅲ．①社会工作-中国-文集　Ⅳ．①D632-53

中国版本图书馆 CIP 数据核字（2021）第 191914 号

行走的社工：专业·爱·成长

著　　者／任　敏 等

出 版 人／冀祥德
责任编辑／胡庆英
责任印制／王京美

出　　版／社会科学文献出版社·群学分社（010）59367002
　　　　　地址：北京市北三环中路甲 29 号院华龙大厦　邮编：100029
　　　　　网址：www.ssap.com.cn
发　　行／社会科学文献出版社（010）59367028
印　　装／唐山玺诚印务有限公司

规　　格／开本：889mm×1194mm　1/32
　　　　　印张：10.25　字数：235 千字
版　　次／2021 年 10 月第 1 版　2024 年 9 月第 4 次印刷
书　　号／ISRN 978-7-5201-9071-8
定　　价／69.00 元

读者服务电话：4008918866